6・7・8月 保育の展開

● 週日案（6月第2週／8月第3週）……………………………………… 60 CD ROM
● 【健康・安全】夏の遊びに欠かせない！ 健康管理と安全への配慮 … 62
● 【健康】活動と休息のバランスをとって夏も元気に！ ……… 63
● 【お楽しみ会】夏のお楽しみ会で水遊び ……………………… 64
● 【こども園夏祭り】親子で楽しむ夏祭り ……………………… 65
● 【手作りおもちゃ】あたたかな魅力がいっぱい！
　　　　　　　　　　楽しい手作りおもちゃ ………………… 66

9月　　● 保育のポイント ……… 68　● 月案 ……… 70 CD ROM

10月　　● 保育のポイント ……… 72　● 月案 ……… 74 CD ROM

11月　　● 保育のポイント ……… 76　● 月案 ……… 78 CD ROM

12月　　● 保育のポイント ……… 80　● 月案 ……… 82 CD ROM

9・10・11・12月 保育の展開

● 週日案（10月第3週／12月第1週）………………………… 84 CD ROM
● 【健康】服装を調節して心地よく過ごす ……………………… 86
● 【健康】健康診断・検診で健康状態を把握 …………………… 87
● 【異年齢児交流】わくわくデー　〜異年齢児交流〜 ………… 88
● 【散歩】みんな大好き！　季節の変化を味わうお散歩 ……… 90

1月　　● 保育のポイント ……… 92　● 月案 ……… 94 CD ROM

2月　　● 保育のポイント ……… 96　● 月案 ……… 98 CD ROM

3月　　● 保育のポイント …… 100　● 月案 …… 102 CD ROM

1・2・3月 保育の展開

● 週日案（1月第3週／3月第2週）………………………………… 104 CD ROM
● 【健康】冬も戸外遊びで元気いっぱい！ ……………………… 106
● 【健康】感染症の防止と保護者との連携 ……………………… 107
● 【コンサート】表現する楽しさを知るニューイヤーコンサート … 108
● 【節分】伝統行事の雰囲気を楽しむ豆まき会 ………………… 109
● 【遊び】心も体も弾むリトミック ……………………………… 110
● 【進級】不安な気持ちを期待に変えよう！　進級に向けた援助 … 111

ここは押さえよう！ 改訂（定）のキーポイント

東京成徳短期大学 幼児教育科 教授　寺田清美
（厚生労働省社会保障審議会保育専門委員会委員）

　平成29年3月31日に「保育所保育指針」（以下、保育指針）、「幼稚園教育要領」（以下、教育要領）、「幼保連携型認定こども園教育・保育要領」（以下、教育・保育要領）が改訂（定）・告示されました。平成30年4月から新しい保育指針等に基づいて保育をするとともに、保育課程等の見直しが求められます。

　今回の改訂（定）で、3歳児以降では5領域のねらいや内容について大きな変更はありませんが、0・1・2歳児保育の視点から考えると、3歳未満児の保育の重要性が強調された改訂（定）だと言えます。

　また、保育の営み全体から考えると、保育所も「幼児教育を行う施設」であると明記され、教育要領や教育・保育要領と同じ「幼児期の終わりまでに育ってほしい姿」、幼児教育で「育みたい資質・能力」が示されました。保育所においては、「養護と教育を一体的に行う保育」とはどういうことかを、再度各園で捉えなおしていく必要があります。

　まず、教育要領改訂のポイントから見ていきましょう。

幼稚園教育要領の改訂ポイント

　教育要領改訂のキーワードは、幼児教育で「育みたい資質・能力」、「幼児期の終わりまでに育ってほしい姿」（10項目）、「カリキュラム・マネジメント」の3つです。このうち「資質・能力」と「10項目」は、言葉としては目新しいので何か緊張感を覚えますが、基本的に従来の5領域の「ねらい」「内容」を整理したものです。

point 1　幼児教育で「育みたい資質・能力」の3つの柱

幼児教育で「育みたい資質・能力」は、
（1）知識及び技能の基礎
（2）思考力、判断力、表現力等の基礎
（3）学びに向かう力、人間性等

の3つの柱から示されています。

　例えば、数名の子どもたちが積み木を高く積んでいくことに挑戦しているなかで、子どもたちは「自分たちの背の高さを超えよう」と、交代したりしながら、慎重に積んでいったりします。その土台には「どんどん高くな

〈幼児教育で「育みたい資質・能力」の3つの柱〉

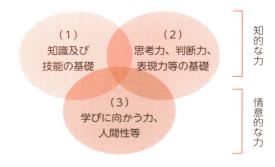

っていくことが嬉しかったり、楽しかったりして、意欲的に取り組んでいる」という心情や意欲（＝学びに向かう力）があるわけですが、少し深く見ると、その遊びのなかで「少しずれるとうまくいかない」という気づき（＝知識）が生まれ、「安定して積むためにはこうしたらいいのではないか」「レンガを積むように互い違いにしたほうがいいのではないか」という思考や判断が生まれています。そう考えると、幼児期の遊びのなかには自ずと幼児教育で「育みたい資質・能力」の３つの柱の内容が含まれているといえます。

point 2 幼児期の終わりまでに育ってほしい姿（10項目）とは

年長児後半に、遊びのなかで特に顕著に見られるようになる姿を10個の視点からまとめたものが、「幼児期の終わりまでに育ってほしい姿」です。これらは、5領域の「ねらい」「内容」を意識した保育実践を通してさまざまな経験・育ちが積み重ねられるなかで、年長児の後半から終わりに特に育ちが著しい子どもの姿を整理したものです。そのため、これまでの保育ががらりと変わるというよりも、子どもの姿を捉える視点がこれまで以上に整理されたものであると捉えるとよいでしょう。

point 3 カリキュラム・マネジメントの確立

これまで各園の保育理念や保育目標などを踏まえるとともに、5領域の「ねらい」「内容」と「子どもの発達」を踏まえて、教育課程（保育課程）が策定されていたわけですが、今回の改訂では、さらに幼児教育で「育みたい資質・能力」「幼児期の終わりまでに育ってほしい姿」をそこに取り入れて、指導計画関係の見直しをする必要があります。

発達を踏まえた「全体的な計画」から「年間指導計画」へ、さらには「月案・週案」へと「資質・能力の３つの柱の育ち」を意識しながらつながりをもたせていくとともに、目の前の子どもの姿からそれらの計画を見直して改善を図っていく営みが、「カリキュラム・マネジメント」です。そのため、これまで以上に、指導計画・保育実践・振り返り（評価）・改善のサイクルを意識することを通して、保育実践の質を向上させていくことが求められます。

〈幼児期の終わりまでに育ってほしい姿〉

健康な心と体	自立心	協同性	道徳性・規範意識の芽生え
社会生活との関わり	思考力の芽生え	自然との関わり・生命尊重	
数量や図形、標識や文字などへの関心・感覚	言葉による伝え合い	豊かな感性と表現	

おはな！

保育所保育指針の改定ポイント

point 1 ３歳以上児の教育の共通化

　保育指針の改定ポイントは大きく分けて５つあります。
　１つ目は「３歳以上児の５領域のねらい・内容」や「幼児期の終わりまでに育ってほしい姿」、幼児教育で「育みたい資質・能力」について、教育要領及び教育・保育要領との共通化が図られたことです。これは、教育要領改訂のポイントに書いた部分（４ページ）と同様ですので、そちらを見てください。

point 2 ０・１・２歳児保育の記載の充実

　これは、具体的には「ねらい」と「内容」が「乳児（０歳）」、「１歳以上３歳未満児」、「３歳以上児」に分けて示されたことです。
　また、乳児の保育のあり方を５領域で示すのではなく、
　・身体的発達に関する視点
　　　　「健やかに伸び伸びと育つ」
　・社会的発達に関する視点
　　　　「身近な人と気持ちが通じ合う」
　・精神的発達に関する視点
　　　　「身近なものと関わり感性が育つ」
という３つの視点で示していることが目新しいところです。
　１歳以上３歳未満児は５領域（健康・人間関係・環境・言葉・表現）で示されていますが、３歳以上児と同じ「ねらい」と「内容」というわけではなく、発達の特

性を踏まえた「ねらい」と「内容」として示されています。さらに、「内容の取扱い」の項目が入り、配慮すべき点が示されましたので、カリキュラム作成や評価・省察のおりに、参考にしやすくなるかと思います。

point 3 「健康及び安全」に関する内容の充実

　近年の子どもを巡る社会環境の変化を見据え、「食育の推進」や「事故防止及び安全対策」「災害への備え」について、改善と充実を図っています。

point 4 「子育て支援」のさらなる充実を明示

　子どもの育ちを家庭と連携して支援していくという視点を明らかにし、保護者が子育ての喜びを感じられるように努めることが示されました。また、地域に対する子育て支援が重視されることに対応して、章の名称を「保護者に対する支援」から「子育て支援」へ改め、充実を図っています。

point 5 職員の資質向上

　「職員の資質向上」は、これまでの同じ名称の章をより充実させたものとなっています。「研修の実施体制等」という項目が新たに加わり、研修計画の作成や研修成果の活用について示されました。

保育所ではなかなか研修時間を確保することが難しいのですが、保育の質を向上させていくためには、各園でキャリアパスを見据えた研修計画を立てることと、そのための「学び合う文化」の構築が必要です。このことについて保育指針では「保育所全体としての保育の質の向上を図っていくためには、日常的に職員同士が主体的に学び合う姿勢と環境が重要であり、職場内での研修の充実が図られなければならない」とされています。

幼保連携型認定こども園教育・保育要領の改訂ポイント

教育・保育要領の改訂は、基本的に教育要領および保育指針の改訂（定）を踏まえて行われているので、教育・保育内容等についての改訂（定）内容は、前述の通りです。しかしながら、運営面については、認定こども園ならではの配慮すべき事項が示されています。

point 1 特に配慮すべき事項の充実

その1つは、「満3歳未満の園児の保育」と「満3歳以上の園児の教育及び保育」の連続性といった「発達や学びの連続性」の視点です。特に、2歳児クラスから3歳児クラスへの移行が課題になります。認定こども園の3歳児クラスには、それまでその園で過ごしてきた子どもがいる一方で、3歳児で入園して初めての集団生活が始まる園児もいます。そのため、遊びや集団の経験に差がある子どもたちが1つのクラスにいることになりますので、そのことに対する配慮が必要です。

もう1つが、一日の流れに対する配慮です。3歳以上児は、保育の必要度の違いによる「1号認定」「2号認定」の子どもの両方が在籍します。そのために生じる、一日の保育時間の差異（教育課程に係る教育時間とそうでない時間との差異）に対する留意事項などが明記されました。

point 2 「健康及び安全」と「子育ての支援」の充実

「健康及び安全」と「子育ての支援」については、新たに章立てをして、内容の改善と充実を図っています。

特に「子育ての支援」では、保育者の専門性を生かした地域の子育ての支援が求められています。

〈多様な育ちのある3歳児クラスには十分な配慮が必要〉

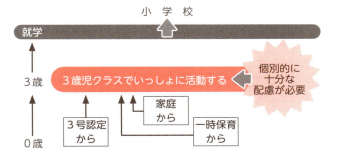

単なる事前計画ではなく、評価にも必要

東京成徳短期大学 幼児教育科 教授　寺田清美
（厚生労働省社会保障審議会保育専門委員会委員）

「指導計画」の種類

●全体的な計画

各保育所・認定こども園においては、どのように子どもを育てたいかがわかるように、その園における基本となる計画が策定されています。これを「全体的な計画」といいます。

保育指針でみると、「全体的な計画」は、「子どもや家庭の状況、地域の実態、保育時間などを考慮」することや、「保育所保育の全体像を包括的に示すものとし、これに基づく指導計画、保健計画、食育計画等を通じて、各保育所が創意工夫して保育できるよう、作成されなければならない」と記述されています。

この「全体的な計画」に基づいて、各年齢・クラスの指導計画を作成していく必要があります。

また、特に3歳未満児については、「一人一人の子どもの生育歴、心身の発達、活動の実態等に即して、個別的な計画を作成すること」と保育指針に示されており、通常の月案や週案、日案などを作成する際に、一人ひとりの子どもに応じた「個別計画」をいっしょに立てる必要があります。

●長期的な計画

長期的な指導計画は、「具体的な保育が適切に展開されるよう、子どもの生活や発達を見通し」て立てる必要があります。例えば、1年間の保育の見通しを立てた「年間指導計画」、1か月間の保育の見通しを立てた「月間

指導計画」（月案）などがあります。

●短期的な計画

日案、週案などの短期的な指導計画は、長期的な指導計画に比べて、「より具体的な子どもの日々の生活に即した」計画となる必要があります。

「指導計画」の構成要素

●年間指導計画では

「年間指導計画」の構成要素としてよく見られるものは、「保育目標（年間目標）」「（予想される）子どもの姿」「ねらい」「内容（経験する内容）」「保育者の援助・配慮」「環境構成」「家庭との連携」といった項目です。

「保育目標（年間目標）」は、1年間でその年齢・クラスで育てたいことが示されますが、その他の項目は、数か月単位の「期」に分けて示されていることが多くあります。

●月間指導計画では

「月間指導計画」（月案）の構成要素としてよく見られるものは、大きく分けて「クラス全体の計画」と「個別計画」です。

「クラス全体の計画」には、「子どもの姿」「ねらい」「保育の内容（経験する内容）」「保育者の援助・配慮」「環境構成」「家庭との連携」などが、年間指導計画よりも具体的に、その月に対応した内容で記述されます。

「個別計画」は、そのうち「子どもの姿」「保育の内容」

「保育者の援助・配慮」「家庭との連携」といったことが、個々の子どもに応じて書かれます。

保育実践における「指導計画」の位置づけ

保育の営みには、「指導計画（Plan）→ 保育実践（Do）→ 振り返り・評価（Check）→ 次に向けての改善（Action）」といった流れがあります。そのため、指導計画は日々（あるいはその月）の保育実践を行うために事前に立てておく計画であり、保育実践後には、振り返って次への改善点を見出していくために必要なものなのです。

特に、保育は「ねらい」（保育者の意図・思い・願い）に基づいて行うものです。月案や週案などでは、その「ねらい」を立てるにあたり、年間指導計画などの長期のねらいから考える側面もありますが、目の前の子どもの興味や関心に基づいて考えていく必要があります。

そのため、保育指針では「保育内容等の評価」として次のことが示されています。

（ア）保育士等は、保育の計画や保育の記録を通して、自らの保育実践を振り返り、自己評価することを通して、その専門性の向上や保育実践の改善に努めなければならない。

（イ）保育士等による自己評価に当たっては、子どもの活動内容やその結果だけでなく、子どもの心の育ちや意欲、取り組む過程などにも十分配慮するよう留意すること。（以下略）

このように、「指導計画」とは、保育を行う前に立てる単なる計画ではなく、保育実践を通して子どもたちの育ちや、自らの保育内容などを振り返っていくためにも、欠くことのできないものといえます。

〈保育におけるPDCAサイクル〉

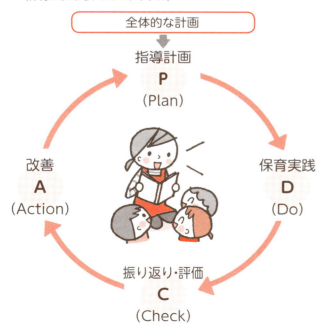

全体的な計画

指導計画
P
（Plan）

保育実践
D
（Do）

振り返り・評価
C
（Check）

改善
A
（Action）

愛情豊かで応答性のある「指導計画」を

東京成徳短期大学 幼児教育科 教授　寺田清美
（厚生労働省社会保障審議会保育専門委員会委員）

立案の基本的な手順

　園の「全体的な計画」を踏まえて、年間指導計画、月間指導計画（月案）、週案、日案などを立案していくわけですが、それらに示されている「ねらい」や「子どもの姿」などは、それぞれが関連し合っていることが必要です。日々の保育の営みを支える日案は週案と関連し合い、週案は月案、月案は年間指導計画、年間指導計画は「全体的な計画」とそれぞれ関連し合うことで、目の前の子どもの姿と、その園で育てていきたい子ども像とがつながるわけです。

　次に、「年間指導計画」と「月案」を例に、立案の基本的な手順を考えてみます。

《年間指導計画》
1年間の発達過程を踏まえて設定

　年間指導計画は、基本的に前年度までの年間指導計画を踏まえて修正を行い、目の前の子どもの1年間の育ちを見通して立案します。「保育目標（年間目標）」は、園の「全体的な計画」に示されていることと連動させたり、関連づけたりしながら、1年間の子どもの育ちを見通して考えます。年間指導計画は数か月単位の「期」に分けて示されることが多くありますが、各時期に育てていきたい「ねらい」は、新しい保育指針等に示されている「ねらい」を踏まえて、発達の過程に応じながら検討してい

くことが必要です。

　そのため、年間指導計画を立案するためには、発達過程の理解が重要です。例えば、1歳児クラスでも年度当初は、月齢1歳でスタートしますが、1年の間に月齢は2歳になっていきます。そのため、1歳という発達を理解するだけではなく、1歳から2歳への移行という意識をもって発達の過程を理解することが必要です。

　また、「ねらい」や「（予想される）子どもの姿」は、0歳児と1歳児クラスの場合、興味・関心の差だけでなく、発達の差も大きいので、「高月齢児」「低月齢児」の区分で分けることも多くあります。

　また、「保育者の援助・配慮」「環境構成」「家庭との連携」は、1年間通じて同じというわけではなく、子どもの発達に応じた「ねらい」や「子どもの姿」によって変わります。また、新しい保育指針等の「内容」や「内容の取扱い」「配慮事項」を踏まえて考えていくことも必要です。

《月案（クラス全体）》
子どもの姿と関連づけて
ねらいや保育内容を考える

　次に月案の立案について考えてみましょう。月案は、「クラス全体の計画」と「個別計画」の2つを考えてい

クラスの子どもの姿

遊び

子ども理解

興味や関心　　　　　　年間指導計画

月　案

○ねらい
○保育の内容

保育者の
援助・配慮　　　　　環境構成

など

く必要があります。

　「クラス全体の計画」には、「子どもの姿」「ねらい」「保育の内容（経験する内容）」「保育者の援助・配慮」「環境構成」「家庭との連携」などの要素があります。立案の基本的な手順は、クラスの「子どもの姿」を出発点として、その月の具体的な「ねらい」と「保育の内容」を考え、それに応じて「保育者の援助・配慮」と「環境構成」を考えていくという流れになります。

　特に、立案にとって大切なのは「子どもの姿」をどう捉えるか（＝子ども理解）です。個々の子どもが興味をもっているものや遊びだけでなく、その子の育ちを理解することによって、その後の保育の方向性が決まってきます。興味をもっているものや遊びはそのまま継続していきながら、年間指導計画に示されているその時期の「ねらい」や「（予想される）子どもの姿」と関連づけて、その月の「ねらい」や「保育の内容」を考えていく必要があります。

　さらに、それらに関連づけながら、保育室の物的環境などの環境構成は、「このままでよいのか」「変化させていく必要があるのか」「どのように変化させていくか」ということを考えていくことも必要です。

　なお、「子どもの姿」は、「前月後半（最終週）の子どもの姿・様子」を書くことが多いですが、園によっては「その月に予想される子どもの姿」を記入する場合もあります。

🍀《月案（個別）》
個々の興味や発達の差を考慮

　０・１・２歳児のクラスにおいては、クラス全体の計画とともに、個々の子どもに応じた個別計画の作成が重要です。個人の興味の差、発達の差が大きい時期だからこそ、個別計画は個々の子ども理解をしっかり行ったうえで「その子の姿・育ち」や「ねらいと保育の内容」「保育者の援助や配慮」などを書きます。個々に応じた計画ではありますが、そこに記載する内容はクラス全体の計画と関連づけられている必要があります。

立案の前におさえておく事項

前項のような手順で指導計画を立案していきますが、その前提となるのは新しい保育指針等に示されている0・1・2歳児の発達の特徴や「ねらい」「内容」などです。新しい保育指針に示されている発達の特徴をおさえておきましょう。

保育指針に示された発達の特徴

●0歳児（乳児）

乳児期の発達については、視覚、聴覚などの感覚や、座る、はう、歩くなどの運動機能が著しく発達し、特定の大人との応答的な関わりを通じて、情緒的な絆が形成されるといった特徴がある。これらの発達の特徴を踏まえて、乳児保育は、愛情豊かに、応答的に行われることが特に必要である。
〔保育指針 第2章の1の(1)基本的事項より〕

●1歳以上3歳未満児

この時期においては、歩き始めから、歩く、走る、跳ぶなどへと、基本的な運動機能が次第に発達し、排泄の自立のための身体的機能も整うようになる。つまむ、めくるなどの指先の機能も発達し、食事、衣類の着脱なども、保育士等の援助の下で自分で行うようになる。発声も明瞭になり、語彙も増加し、自分の意思や欲求を言葉で表出できるようになる。このように自分でできることが増えてくる時期で

あることから、保育士等は、子どもの生活の安定を図りながら、自分でしようとする気持ちを尊重し、温かく見守るとともに、愛情豊かに、応答的に関わることが必要である。
〔保育指針 第2章の2の(1)基本的事項より〕

このように0・1・2歳児は、運動機能・身体機能とともに、情緒面、言葉、人との関わりの発達が絡まり合いながら大きく成長していく時期です。さらに「情緒的な絆」や「自分でしようとする気持ち」の育ちが保障される必要があります。そのためには、愛情深い、応答的な関わりが保育者に求められます。「保育者の援助・配慮」を指導計画に書く際には、これらのことを意識して書くことが必要です。

0歳児（乳児）		1歳以上3歳未満児／3歳以上児

3つの視点

●健やかに伸び伸びと育つ
●身近な人と気持ちが通じ合う
●身近なものと関わり感性が育つ

5領域

●健康　●人間関係
●環境　●言葉　●表現

♣ 視点とねらい

●0歳児（乳児）

保育指針等に記述された0歳児（乳児）を見る視点とねらいは、次の通りです。

【健やかに伸び伸びと育つ】

①身体感覚が育ち、快適な環境に心地よさを感じる。

②伸び伸びと体を動かし、はう、歩くなどの運動をしようとする。

③食事、睡眠等の生活のリズムの感覚が芽生える。

こっちょ～

【身近な人と気持ちが通じ合う】

①安心できる関係の下で、身近な人と共に過ごす喜びを感じる。

②体の動きや表情、発声等により、保育士等と気持ちを通わせようとする。

③身近な人と親しみ、関わりを深め、愛情や信頼感が芽生える。

【身近なものと関わり感性が育つ】

①身の回りのものに親しみ、様々なものに興味や関心をもつ。

②見る、触れる、探索するなど、身近な環境に自分から関わろうとする。

③身体の諸感覚による認識が豊かになり、表情や手足、体の動き等で表現する。

このように、各視点に3つずつの「ねらい」が示されています。

これらは、「感じる、興味や関心をもつ」という心情の育ちを土台として、「～しようとする」という意欲の育ちへ、さらに「芽生える、表現する」といった行動（態度）の育ちへという発達を促すような「ねらい」となっています。

●1歳以上3歳未満児

1歳以上3歳未満児では、5領域で「ねらい」「内容」が示されていますが、0歳児と同様に「心情の育ち」を土台として、「意欲の育ち」「行動（態度）の育ち」のねらいとなっています。したがって、「自分でしようとする気持ち」を育てていくために、愛情豊かに子どもを受容し、応答的な対応を重視した「指導計画」を意識していくことが大切です。

再確認された「養護」の重要性

大妻女子大学 家政学部児童学科 教授　阿部 和子
（厚生労働省社会保障審議会保育専門委員会委員）

「養護」は保育所保育の基盤

改定された保育指針の第1章「総則」の1「保育所保育に関する基本原則」(1)「保育所の役割」のイにおいて、「保育所は、その目的を達成するために…（略）…養護及び教育を一体的に行うことを特性としている」と記載され（下段左の引用文参照）、平成20年告示の保育指針の考えが引き継がれました。

これまでの保育所保育の特性を踏襲しながら、さらに続けて第1章「総則」に、2「養護に関する基本的事項」という項目を新たに立てて（1）「養護の理念」を書き込んでいます（下段右の引用文参照）。また、平成20年告示の保育指針では「保育の内容」で取り扱われていた「養護に関わるねらい及び内容」を「総則」に入れています。そのことで、養護は保育所保育の基盤をなすもの

であると示し、その重要性を再確認しようとしたことに、今改定の保育指針の意思があります。

「養護」と「教育」の定義づけ

「養護と教育が一体的に行われること」に関しては、最初の保育指針（昭和40年）から一貫していわれてきましたが、それが具体的にどのようなことを指すのかについては、あまり議論されてこなかったというのが正直なところだと思います。

そして、平成20年の改定時に、養護と教育の定義がなされました。この時の保育指針の第3章「保育の内容」の前文に、

「…（略）ここにいう『養護』とは、子どもの生命の保持及び情緒の安定を図るために保育士等が行う援助や

「保育所保育指針」第1章　総則
　1 保育所保育に関する基本原則

(1) 保育所の役割
ア　（略）
イ　保育所は、その目的を達成するために、保育に関する専門性を有する職員が、家庭との緊密な連携の下に、子どもの状況や発達過程を踏まえ、保育所における環境を通して、養護及び教育を一体的に行うことを特性としている。

「保育所保育指針」第1章　総則
　2 養護に関する基本的事項

(1) 養護の理念
　保育における養護とは、子どもの生命の保持及び情緒の安定を図るために保育士等が行う援助や関わりであり、保育所における保育は、養護及び教育を一体的に行うことをその特性とするものである。保育所における保育全体を通じて、養護に関するねらい及び内容を踏まえた保育が展開されなければならない。

関わりである。また、『教育』とは、子どもが健やかに成長し、その活動がより豊かに展開されるための発達の援助であり、『健康』、『人間関係』、『環境』、『言葉』及び『表現』の五領域から構成される。…(略)…保育の内容は、子どもの生活や遊びを通して相互に関連を持ちながら、総合的に展開されるものである」とあります。

ここで初めて、養護と教育がそれぞれに明確に定義され、養護および教育が一体的に行われることが明記されたのです。

「養護」と「教育」が定義された意味とは

養護と教育がそれぞれに定義されたことにより、それぞれが何を指すのかについてわかりやすくなりました。

しかしその半面、「一体的に行う」ということの解釈がさまざまになされたように思います。

例えば、養護は年齢の低い3歳未満児の保育であり、教育は3歳以上の保育をいい、6年間で養護から教育へと移行していく、という解釈がありました。

また、平成27年から施行された幼保連携型認定こども園教育・保育要領において、「教育及び保育を一体的に提供する」というようにその施設の目的を明記されたところから、教育と保育の時間が別にあると錯覚したり、その延長線上で、保育を行う保育所には教育がないと思っている人も少なからずいます。

これらは誤った解釈なのですが、明確な定義や説明の機会もなかったために、このようにそれぞれの園や保育者によって独自の解釈が行われるようになりました。

これらの錯覚や曖昧な考えを払拭するために、今回の

〈平成20年改定の保育指針による養護と教育の定義〉

養護　生命の保持　情緒の安定

教育　環境　人間関係　言葉　健康　表現

15

改定では、しっかりと総則に「養護及び教育を一体的に行う」のが保育所の特性であることを示し、さらに、乳幼児期の子どもの教育は子どもの生きることに対する安心感や命が脅かされないことと一体となっているのだ、ということを保育指針は主張しているのだと思います。

養護と教育を「一体的に行う」ということ

それでは、「一体的に行う」とはどういうことかを、

今回の保育指針をもとに考えてみます。

17ページに、今回の保育指針の第1章「総則」1「保育所保育に関する基本原則」の（3）「保育の方法」から一部を抜粋しました。

これを見ると、子どもが安心して自己を十分に発揮し、生活や遊びを通してさまざまな体験をする（学び）ために保育者がすることとして、

・子どもの主体としての思いや願いを受け止める

・子どもの生活のリズムを尊重する

・一人ひとりの発達に応じて関わる

・子どもが自発的・意欲的に関われる環境を構成するというように、子どもの生活や遊びを通しての経験の蓄積と、そのための保育者の関わりや配慮・気配りなどが、セットになって表現されています。

また、教育は「働きかける側（保育者）が意図的に、働きかけられる側（子ども）の能力などを向上させようとして行う」ということを核としたものであると考えられますが、ここで、働きかけられる側である子どもに焦点を当てて、教育ということを考えてみます。

「働きかける側」がどのようによいことと考えても、それがそのまま子どもに伝わるとは限りません。伝わらなければ、「教育」があっても「学び」がないということが起きてきます。学び手（子ども）がよくなろうとして行動するところに、「教育（働きかける側の意図）≒学び（働きかけられる側の意図の受け取り）」が起きるのであり、「教育＝学び」ではありません。

この教育（働きかける側）と学び（働きかけられる側）の間に、働きかける側の養護的側面（情緒の安定が安心感につながること）が位置づけられているのではないかと思います。この関係性が「養護と教育が一体的に行われる」ということなのではないでしょうか。

これからの保育で求められること

この、教育と学びと養護の関係性から、子どもと保育者の関わりを「教育的関わり」と「養護的関わり」の側面から見る必要が生まれます。実践においては、それらが一体となって展開されていることを再確認するとともに、保育所保育で大切にしている「養護と教育を一体的に行うこと」の具体的な内容を、実践に即して言葉にしていくことが重要になります。

それには、日々の保育のなかで、または園内研修などの機会に、保育者同士で話し合ったり、「養護と教育を一体的に行うとは」ということについて話し合う機会をつくったりすることが大切になってきます。保育での子どもの様子について、1つの場面を養護と教育の側面から話し合ったりして、養護と教育の捉え方について保育者同士でそれぞれの考えを意識的に言葉にできるよう、さまざまな工夫ができるとよいのではないでしょうか。

「保育所保育指針」第1章　総則
　1　保育所保育に関する基本原則

（3）保育の方法　より抜粋
ア　（略）…子どもが安心感と信頼感をもって活動できるよう、子どもの主体としての思いや願いを受け止めること。
イ　子どもの生活のリズムを大切にし、…（略）…自己を十分に発揮できる環境を整えること。
ウ　（略）…一人一人の発達過程に応じて保育すること。その際、子どもの個人差に十分配慮すること。
エ　（略）…集団における活動を効果あるものにするよう援助すること。
オ　子どもが自発的・意欲的に関われるような環境を構成し、子どもの主体的な活動や子ども相互の関わりを大切にすること。特に、乳幼児期にふさわしい体験が得られるように、生活や遊びを通して総合的に保育すること。

（以下略）

本書の指導計画について

本書の指導計画は、執筆園の保育をモデル化したものです。指導計画立案などのご参考にされる際は、貴園の所在地域や子どもたちの実態に合わせて、ご使用ください。

1. 年間計画

園の全体的な計画などに基づき、子どもの発達過程を踏まえて、1歳児クラスの一年間で育てたい「子どもの姿」や保育の「ねらい」などを見通して作成しています。

○子どもの姿
子どもの発達過程と園の全体的な計画などを踏まえて、その時期によく見られる「子どもの姿」を示しています。

○ねらい
子どもの姿を踏まえ、育てたい子どもの姿や保育の意図をその期の「ねらい」として掲げています。
「ねらい」とその下の「内容」の欄は、保育者側の見方の参考として、養護面（◇）と教育面（◆）をマークで表示しています。

○内容
「ねらい」を達成するために、子どもたちに経験してほしい活動や遊びを挙げています。

○年間目標
園の全体的な計画などを踏まえ、1歳児クラスの一年間で育てたい子どもの姿を念頭に、保育の方向性を目標として記載しています。

○CD-ROMの階層
付属CD-ROMに収録された、本ページのデータの階層を表しています。

○「期」の分け方
指導計画執筆園の全体的な計画などに準じて、4期に分けています。

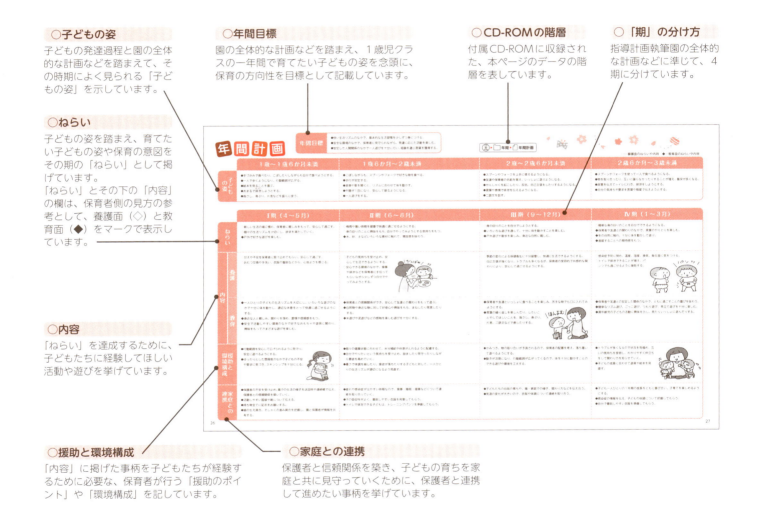

○援助と環境構成
「内容」に掲げた事柄を子どもたちが経験するために必要な、保育者が行う「援助のポイント」や「環境構成」を記しています。

○家庭との連携
保護者と信頼関係を築き、子どもの育ちを家庭と共に見守っていくために、保護者と連携して進めたい事柄を挙げています。

○掲載している「年間計画」の種類
　上記の「（保育）年間計画」（p26）のほか、
　　◎「食育年間計画」（p28）
　　◎「保健年間計画」（p30）
　　◎「防災・安全年間計画」（p31）
　を掲載しています。

2. 子どもの姿と保育のポイント

各月のトップページには、年間計画・子どもの発達過程・季節などを踏まえて、その月に見られる子どもの姿と、クラスを運営していく際のポイントをまとめています。このページで、その月の保育が概観できます。

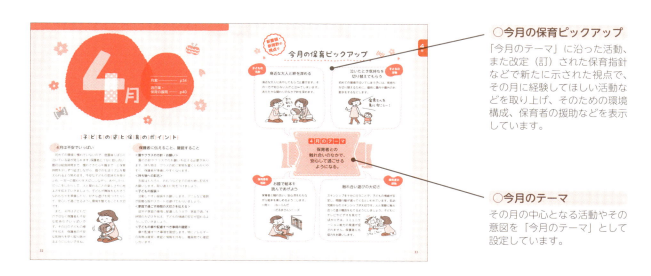

○今月の保育ピックアップ

「今月のテーマ」に沿った活動、また改定（訂）された保育指針などで新たに示された視点で、その月に経験してほしい活動などを取り上げ、そのための環境構成、保育者の援助などを表示しています。

○今月のテーマ

その月の中心となる活動やその意図を「今月のテーマ」として設定しています。

3. 月案

年間計画の「期」を踏まえて、その月の1歳児クラスの子どもの姿を見通しながら、ひと月単位の計画にまとめて作成しています。1歳児クラスは、生まれ月による発達の差が大きいので、月齢差を設けた3つの個別計画で記述しています。

○今月の保育のねらい

前月末の子どもの姿を踏まえて、年間計画に示されたその時期のねらいを見据えながら、今月のクラスのねらいを立てています。

○今月の食育

年間計画のなかで、その月に実践したいことが示されています。

○CD-ROMの階層

付属CD-ROMに収録された、本ページのデータの階層を表しています。

○養護と教育の視点

「ねらい」と「子どもの活動内容」の欄は、保育者側の見方の参考として、養護面（◇）と教育面（◆）をマークで表示しています。

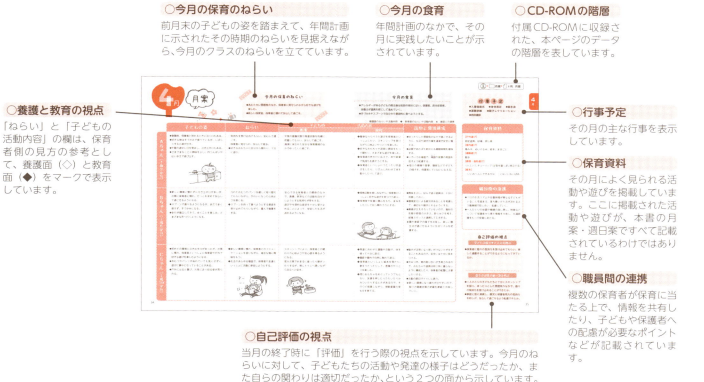

○行事予定

その月の主な行事を表示しています。

○保育資料

その月によく見られる活動や遊びを掲載しています。ここに掲載された活動や遊びが、本書の月案・週日案ですべて記載されているわけではありません。

○職員間の連携

複数の保育者が保育に当たる上で、情報を共有したり、子どもや保護者への配慮が必要なポイントなどが記載されています。

○自己評価の視点

当月の終了時に「評価」を行う際の視点を示しています。今月のねらいに対して、子どもたちの活動や発達の様子はどうだったか、また自らの関わりは適切だったか、という2つの面から示しています。

4．週日案

月案で挙げられた「ねらい」や「活動内容」をもとに、各週の流れに展開されます。1歳児クラスは週ごとの変化が少ないので、ひと月のなかから「ある1週」を取り出した「週日案」を掲載しています。

○ねらい
「月案」に示された「ねらい」や保育の流れを踏まえて、前週までの子どもの様子を見据えながら、今週の「ねらい」を立てています。

○主な活動
「月案」に示された「子どもの活動内容」をもとに、前週までの子どもの姿を見据えながら、その週の「主な活動」「準備」「環境および援助のポイント」を計画しています。

○先週の様子
前週までに見られた子どもの姿を示しています。

○CD-ROMの階層
付属CD-ROMに収録された、本ページのデータの階層を表しています。

○子どもの様子・反省・評価
計画をもとに実践したときの「子どもの様子」と、保育者の「反省・評価」を記入しています。

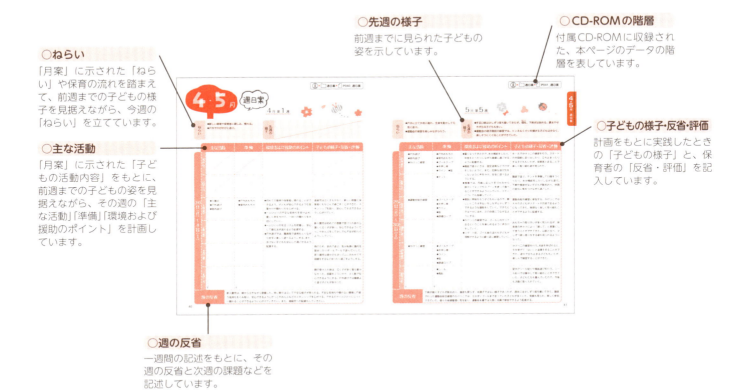

○週の反省
一週間の記述をもとに、その週の反省と次週の課題などを記述しています。

5．保育の展開

その時期の園行事や季節の健康、安全、環境構成などに役立つヒントや資料を掲載しています。

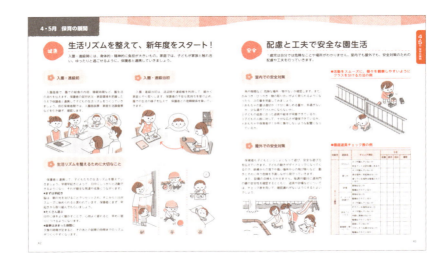

本書付属の CD-ROM について

本書付属の CD-ROM には、Excel 形式のデータが収録されています。以下の事項に合意いただいたうえで、ご開封ください。

◆ 本書付属 CD-ROM をお使いになる前に

【動作環境】

◎付属 CD-ROM は、以下の OS、アプリケーションがインストールされているパソコンでご利用いただけます。

＜ Windows ＞
OS：Windows10、Windows 8、Windows 7
アプリケーション：Microsoft Office 2010 以降

＜ Macintosh ＞
OS：Mac OS X 10.8 以降
アプリケーション：Microsoft Office for Mac 2010 以降

◎付属 CD-ROM をご使用いただくためには、お使いのパソコンに CD-ROM ドライブ、または CD-ROM を読み込める DVD-ROM ドライブが装備されている必要があります。

【使用上のご注意】

・付属 CD-ROM に収録された指導計画のデータは、お使いのパソコン環境やアプリケーションのバージョンによっては、レイアウトなどが崩れる可能性があります。
・収録された指導計画のデータは、本書誌面と異なる場合があります。
・収録された指導計画のデータについての更新や、使い方などのサポートは行っておりません。
・パソコンやアプリケーションの操作方法については、お手持ちの使用説明書などをご覧ください。
・付属 CD-ROM を使用して生じたデータ消失、ハードウェアの損傷、その他いかなる事態にも、弊社およびデータ作成者は一切の責任を負いません。

※Microsoft Windows、Microsoft Office Excel は、米国 Microsoft Corporation の登録商標です。
※Macintosh は、米国 Apple Inc. の商標です。
※本書では、商標登録マークなどの表記は省略しています。

◆ CD-ROM 取り扱い上の注意

・付属のディスクは「CD-ROM」です。オーディオ用のプレイヤーでは再生しないでください。
・付属 CD-ROM の裏面に汚れや傷をつけると、データが読み取れなくなる場合があります。取り扱いには十分ご注意ください。
・CD-ROM ドライブに正しくセットしたのち、お手持ちのパソコンの操作方法に従ってください。CD-ROM ドライブに CD-ROM を入れる際には、無理な力を加えないでください。トレイに CD-ROM を正しく載せなかったり、強い力で押し込んだりすると、CD-ROM ドライブが破損するおそれがあります。その場合でも、弊社およびデータ作成者は、一切の補償はできません。

◆ 付属 CD-ROM に収録されたデータの内容

・ページの上部に下記のような CD-ROM のマークが付いているものは、付属 CD-ROM にデータが収録されています。

・図のような順をたどっていくと、そのページのデータが収録されています。

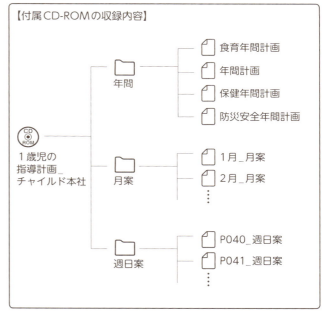

・お使いのパソコンの設定によっては、上図の順番で表示されない場合があります。
・付属 CD-ROM に収録された指導計画のデータに、イラストは入っていません。

◆ CD-ROM に収録されている デジタルコンテンツの使用許諾と禁止事項

・本書付属の CD-ROM に収録されているデジタルコンテンツは、本書を購入された個人または法人が、その私的利用の範囲内においてお使いいただけます。
・本コンテンツを無断で複製して、第三者に販売・貸与・譲渡・頒布（インターネットを通じた提供も含む）することは、著作権法で固く禁じられています。
・本 CD-ROM の図書館外への貸し出しを禁じます。

0〜5歳児 発達の姿を 理解しよう

鈴木八重子（元 文京区立保育園 園長）

援助は子どもの発達理解から

保育を行ううえで、「子どもの発達を理解すること」はとても大切です。保育者が子どもの発達の理解を深めることで、保育はよりよく展開されます。

例えば、子どものある部分を育てたいと考えたとき、子どもの育ちを知って初めて、子どもがどういった発達段階にあるのか、どう援助していくと目指すところに到達するのかを考え、保育を進めることができるのです。

遊びにおいて、子どもが興味をもち、おもしろがって自発的に遊ぶのは、その子の発達に見合った遊びです。集中できる遊びは、子ども自身の学びにつながります。危機管理の面でも、子どもの発達を知らなければ〈体験させてよいこと〉と〈止めるべきこと〉が判断できず、大事故につながりかねません。

つまり、発達を正しく理解することで、一人ひとりに合った目標と、そのためのスモールステップが明確になり、よりよい発達への援助が行えるのです。

遊びから得た達成感が生活の充実に

遊びは、子どもになくてはならない学びの場です。

自分でやってみて、失敗して考えて、再度挑戦してみるという繰り返しから、子どもはいろいろなことを学びます。自分で学んで獲得するのは時間がかかることですが、できるようになった達成感は、なにものにも代えがたいものです。その達成感こそが、子どもの成長過程において大きな自信につながります。自信をもつことで、また次の興味や関心を抱き、挑戦し、充実した生活を送ることにつながります。

保育者は、子どもの遊びと生活を保障し、安心して成長できる環境を提供する役割を担っているのです。

クラスの様子

0歳
- 飲む・寝る・遊ぶの安定したリズムで過ごす
- いろいろな味や形態、またスプーンに慣れる
- 探索活動が活発になる

1歳
- 好きな場所や遊びを見つけて安心する
- 友達を意識し始める
- 遊びの幅が広がる
- 着替えなどに興味をもつ

2歳
- 友達のまねをする
- 「イヤ！」「自分で！」と自己主張が出て、ぶつかることもある
- 身の回りのことを自分でしようとする
- パンツで過ごせる子もいる

3歳
- 新入園児と進級児に生活経験の差が大きい
- 周囲を見て「やりたい」気持ちが起きる
- いろいろなことに挑戦しようとする
- 自分なりに生活を見通す
- 基本的な生活習慣がほぼできる

4歳
- おもしろそう！ やってみたい！と、興味や関心が広がる
- 友達と思いがぶつかることもある
- 生活や遊びの決まりを守ろうとする
- クラスの活動を楽しむ
- 年長への期待感でいっぱいになる

5歳
- 年長としての自覚が芽生える
- 生活習慣が確立する
- 目的をもち、考えながら遊ぶ
- 子ども同士で話し合う力がつく
- クラスがまとまる
- 就学に向け、自分たちで見通しをもって生活を進める

運動機能	言語・認識	人間関係
●首が据わる ●寝返りをうつ ●はいはいをする ●つかまり立ちをする ●親指と人さし指でつまむ	●物をじっと見る ●声が出る ●喃語（なんご）が出る ●指さしの先を追う ●興味のある場所へ移動する	●動く人を目で追う ●いないいないばあを喜ぶ ●意思を伝えたがるようになる ●人見知りが始まる ●指さしが多くなる
●伝い歩きをする ●ちぎる、破る、なぐり描きをする ●歩き始める ●しゃがむ ●手をついて階段を上る	●簡単な一語文が出る ●二語文が出る ●一人遊びをする ●要求を簡単な言葉で表現する ●絵本や紙芝居に興味をもつ	●大人のまねをする ●要望を動作で伝える ●友達と手をつなぐ ●名前を呼ばれると返事をする ●簡単な挨拶をする ●笑ったり泣いたりして、感情を表す
●体を方向転換させる ●しっかりと歩く ●走ったり、跳んだりする ●のりやはさみを使う ●全身を使って遊ぶ	●言葉への興味が広がる ●三語文が出始める ●少しの間待てる ●おしゃべりが盛んになる ●盛んに質問する ●見立て遊びを楽しむ	●いわゆるイヤイヤ期 ●「自分で！」と自己主張する ●友達のそばで同じ遊びをする ●見立てやごっこ遊びをする ●簡単なルールのある遊びをする ●相手の思いに気づく
●箸を使い始める ●ボタンをはめようとする ●はさみで連続切りをする ●片足跳びをする ●目標物に向かって走る	●自分の名字と名前を言う ●大小の区別がつく ●「なぜ？」と質問する ●数の理解が進む ●乱暴な言葉づかいをまねたり、反応を楽しんだりする	●一人遊びに没頭する姿が見られる ●友達と遊ぶようになる ●けんかを通じて思いやりの気持ちが芽生える ●友達を手伝おうとする ●仲間意識が高まる
●でんぐり返しをする ●ボールの扱いが上手になる ●同時に２つの動きをする ●午睡なしで過ごせる子もいる ●縄跳びで両足跳びをする	●善悪の判断がつく ●靴の左右を正しく履く ●生活時間の理解が進む ●伝聞ができる ●文字や数へ興味が出る ●絵本やお話のイメージを広げて楽しむ	●遊びによっては特定の友達と遊びたがる ●思いやりの心が育つ ●競争心が芽生える ●自我が確立する ●約束やルールがわかり守ろうとする
●箸を使いこなす ●自分で衣服の調節を行う ●固結びができる子もいる ●側転をする ●リレー、ドッジボールをする ●自分なりの目標をもち、繰り返し取り組む	●感情の自覚とコントロールができる ●しりとりやなぞなぞを楽しむ ●不思議なことを図鑑で調べる ●生き物を飼育し観察する ●30までの数が数えられる ●左右や信号・標識の見方がわかる	●特定の仲よしができる ●けんかを話し合いで解決する ●友達の気持ちを代弁する ●ルールを作って遊べる ●共通イメージで製作できる ●見通しをもって準備や練習をする ●友達と協力して最後までやり通す

発達の姿
1歳児 クラス

鈴木八重子 (元 文京区立保育園 園長)

読みたいの?

行動範囲の広がりをサポート

園生活に慣れている進級児も、新入児の泣いている姿や不安な姿を見ると同じように不安になります。進級児・新入児を問わず一人ひとりを十分受容し、ていねいな関わりができるように、できるだけ小さな集団での保育を心がけましょう。

1歳児は、歩く、小走りをする、手を使う、言葉を話すなど、さまざまな運動機能の発達が目覚ましく、身近な人や身の回りの物に自分から働きかけることができるようになります。子ども同士の関係でも、友達と同じ遊びをしたり、物のやり取りをしたりする姿も見られます。反対に、欲しい物は強引に取ってしまい、相手を泣かせてしまう行動も頻繁に起き、まだまだ相手の思いには気づきません。

人や物との関わりが強まるなかで、大人の言うことも少しずつわかってきます。自分の思いを保育者に伝えたいという気持ちから、指さしや身振りをしながら片言でも話そうとする姿が出てきます。保育者は子どもの思いを受け止めて「そうだったのね！」「○○がしたいのね！」と子どもの気持ちを言葉に表してあげると、自分の思いが伝わった満足感から保育者への信頼も増し、さらに次の行動の自信にもつながります。生活や遊びのなかでの子どもたちの小さな発信を見逃さず、受け止めていくことで、安心して生活ができるようになります。

行動範囲が広がるので、見守りつつも安全確保はきっちりと行います。新入児を迎えて人数が増える分、保育者間のコミュニケーションも大切です。子どもの行動などを保育者全員が共有し、「園で初めてできるようになったこと」も、逃さず保護者に伝えられるようにしましょう。特に新入児の保護者は、わからないことが多く、園での子どもの姿が見えにくいものです。日々の細やかな対応が信頼関係に結びつきます。

保育のポイント

自己主張への関わり

○指示や決めつけに反発します。これは、自分の意思が出てきた証拠。子どもの気持ちを尊重し、話を聞いたり、提案したりすると満足します。

○子ども同士の関係でも、お互いの気持ちをわかりやすく伝え、それを繰り返していくことで、理解につなげましょう。

保育者「これを着ようね！」
子ども「イヤー！」

保育者「どっちにする？」
子ども「こっち！」

運動機能	言語・認識	人間関係

1歳0か月

●伝い歩きをする
●なぐり描きをする
●歩き始める

> **援助**
> ・廊下やホールなど広いスペースと距離を確保する。
> ・楽しく歩けるよう押して動くおもちゃなどを用意する。

●片言が盛んになる

●簡単な一語文が出る

> **援助**
> ・発語を補ったり単語に置き換えたりする。

●自分の物がわかる

●指さしが多くなる

●大人のまねをして片づける

> **援助**
> ・いっしょに片づけするときはその姿を認めほめていく。

●笑ったり泣いたりして、感情を表す
●してほしいことを動作で伝える

> **援助**
> ・安心できるよう、欲求にていねいに応える。

1歳6か月

●しゃがむ
●小走りをする
●スプーン使いが上手になる
●手をついて階段を上る

●したいことやしてほしいことをしぐさや簡単な言葉で伝える

●一人遊びをする

●絵本や紙芝居に興味をもつ
●二語文が出る

> **援助**
> ・会話を楽しめるよう応じる。

●思い通りにならないとだだをこねる
●友達と手をつなぐ
●名前を呼ばれると返事をする

1歳12か月

●上着やズボンを脱ぐ

> **援助**
> ・「自分でできた」という達成感につなげつつ、難しい部分は手助けをする。

●大人の簡単な言葉かけで、動こうとする
●ちぎる、破くなど、手先を使って遊ぶ

●簡単な挨拶をする

かみつきとひっかき

○その場で見たこと以前の流れを把握し、かまれた子とかんだ子、どちらの思いも受け止める。

○おもちゃを多めに用意したり、場所を広くしたりして、トラブルの原因を取り除く。

○保護者対応では、起こったときの状況をていねいに説明し、双方の子どもの思いを伝え、止められなかったことを謝罪します。また、今後の保育方法を話すと、真摯な対応が伝わります。

	年間目標	●快い生活リズムのなかで、基本的な生活習慣を少しずつ身につける。 ●安全な環境のなかで、保育者に見守られながら、発達に応じた活動を楽しむ。 ●安定した人間関係のなかで一人遊びを十分に行い、経験を通じ言葉を獲得する。

	1歳〜1歳6か月未満	1歳6か月〜2歳未満
子どもの姿	●手づかみで食べたり、こぼしたりしながらも自分で食べようとする。 ●一人で歩くようになり、行動範囲が広がる。 ●絵本を見ることを喜ぶ。 ●おまるで排泄（はいせつ）しようとする。 ●指さし、身ぶり、片言などを盛んに使う。	●こぼしながらも、スプーンやフォークで好きな物を食べる。 ●歩行が安定する。 ●音楽や歌を聞くと、リズムに合わせて体を動かす。 ●午睡が1回になり、安心して眠るようになる。 ●一人遊びをする。

		I期（4〜5月）	II期（6〜8月）
ねらい		◇新しい生活の場に慣れ、保育者に親しみをもって、安心して過ごす。 ◇個々の生活リズムを大切にし、欲求を満たしていく。 ◆戸外で好きな遊びを楽しむ。	◇梅雨や暑い時期を健康で快適に過ごせるようにする。 ◇身の回りのことに興味をもち、自分でやってみようとする気持ちをもつ。 ◆水、砂、土などいろいろな素材に触れて、開放感を味わう。
内容	養護	◇甘えや不安を保育者に受け止めてもらい、安心して過ごす。 ◇おむつ交換や手洗い、衣服の着脱などから、心地よさを感じる。	◇子どもの気持ちを受け止め、安心して生活できるようにする。 ◇安心できる環境のなかで、食事や排泄などを保育者に手伝ってもらいながら少しずつ自分でやってみようとする。 
	教育	◆一人ひとりの子どもの生活リズムを大切にし、いろいろな遊びのなかで十分に体を動かし、適切な休息をとって快適に過ごせるようにする。 ◆身近な人と親しみ、関わりを深め、愛情や信頼感をもつ。 ◆安全で活動しやすい環境のなかで好きなおもちゃや遊具に関わり、興味をもってさまざまな遊びを楽しむ。	◆保育者との信頼関係ができ、安心して友達との関わりをもって遊ぶ。 ◆自然物や身近な物に対して好奇心や興味をもち、まねしたり発言したりする。 ◆水遊びや泥遊びなどの感触を楽しむ遊びを十分にする。
環境構成と援助		●行動範囲を安心して広げられるように見守り、安全に遊べるようにする。 ●ゆったりとした雰囲気のなかで子どもの不安や要求に気づき、スキンシップを十分にとる。 	●個々の健康状態に合わせて、水分補給や休息がとれるように配慮する。 ●自分でやりたいという気持ちを受け止め、励ましたり見守ったりしながら意欲を高めていく。 ●暑さで体調を崩したり、食欲が落ちたりする子どもに対して、一人ひとりの生活リズムが適切になるよう見直す。
家庭との連携		●保護者の不安を受け止め、園での生活の様子を送迎時や連絡帳で伝え、保護者との信頼関係を築いていく。 ●活動しやすい服装や靴について伝える。 ●持ち物全てに記名をお願いする。 ●歯の生え具合、そしゃくの進み具合を把握し、園と保護者が情報を共有する。	●疲れや感染症が出やすい時期なので、食事・睡眠・健康などについて連絡を取り合っていく。 ●汗の吸収性がよく、着脱しやすい衣服を用意してもらう。 ●トイレで排泄できる子どもは、トレーニングパンツを準備してもらう。

◇…養護面のねらいや内容　◆…教育面のねらいや内容

2歳〜2歳6か月未満	2歳6か月〜3歳未満
●スプーンやフォークを上手に使えるようになる。 ●友達や保育者の名前を覚え、いっしょに遊ぶようになる。 ●かんしゃくを起こしたり、反抗、自己主張をしたりするようになる。 ●言葉や表情で排泄を伝えるようになる。 ●二語文を話す。	●スプーンやフォークを使って一人で食べるようになる。 ●物を取り合ったり、互いに譲らなかったりすることが増え、衝突が多くなる。 ●尿意を伝えてトイレに行き、排泄をしようとする。 ●自分の気持ちや要求を言葉や態度で伝えようとする。

Ⅲ期（9〜12月）	Ⅳ期（1〜3月）
◇身の回りのことを自分でしようとする。 ◆いろいろな遊びを通して、十分に体を動かすことを楽しむ。 ◆戸外遊びや散歩を楽しみ、身近な自然に親しむ。	◇簡単な身の回りのことを自分でできるようになる。 ◆保育者や友達との関わりのなかで、言葉のやりとりを楽しむ。 ◆冬の自然に触れ、十分に体を動かして遊ぶ。 ◆進級することへの期待感をもつ。
◇季節の変化による保健衛生に十分留意し、快適に生活できるようにする。 ◇自己主張が強くなり、トラブルも多くなるが、保育者の受容的で共感的な関わりにより、安心して過ごせるようにする。	◇感染症予防に努め、温度、湿度、換気、衛生面に気をつける。 ◇トイレで排泄できることが増え、パンツでも過ごせるように援助する。 
◆保育者や友達といっしょに食べることを楽しみ、苦手な物でも口に入れてみようとする。 ◆言葉の繰り返しを楽しんだり、したいことやしてほしいことを、指さし、身ぶり、片言、二語文などで表したりする。 	◆保育者や友達との安定した関係のなかで、ともに過ごすことの喜びを味わう。 ◆簡単なリズム遊び、ごっこ遊び、つもり遊び、見立て遊びを十分に楽しむ。 ◆異年齢児の子どもの活動に興味を示し、見たりいっしょに遊んだりする。
●かみつき、物の取り合いが予測されるので、保育者の配置を考え、落ち着いて遊べるようにする。 ●動きが活発になり、行動範囲が広がってくるので、体を十分に動かすことのできる遊びや環境を工夫する。	●トラブルが多くなるので状況を見極め、互いの気持ちを受容し、わかりやすく仲立ちをして関わり方を知らせていく。 ●子どもの成長に合わせて遊具や絵本を見直す。 
●子どもたちの自我の育ちや、園・家庭での様子、関わり方などを伝え合う。 ●気温の変化が大きいので、衣服や体調について連絡を取り合う。	●子ども一人ひとりの1年間の成長をともに喜び合い、子育てを楽しめるようにする。 ●感染症の情報を伝え、子どもの体調について把握してもらう。 ●自分で着脱しやすい衣服を準備してもらう。

食育 年間計画

	Ⅰ期（4～5月）	Ⅱ期（6～8月）
ねらい	●よく遊び、よく眠り、食事を楽しむ。 ●園の給食に慣れる。	●安心できる保育者との関係で食べ物に興味をもち、自分でスプーンやフォークを使って食べようとする。 ●苦手な物も少しずつ食べられるようにする。
内容	●一人ひとりの食事の量や好みなどを把握し、量を加減したり、自分で食べようとする気持ちを認め、食べることの楽しさを知る。 ●苦手な物を少しでも食べたときには満足感がもてるような言葉をかけ、楽しい雰囲気のなかで安心して食事ができるようになる。 ●手づかみやスプーンで自分から意欲的に食べようとする。	●さまざまな食品や調理形態に慣れ、楽しい雰囲気のなかで食べることができるようになる。 ●いろいろな食材を口にしてみようとする。また、口に入れることができたときにはその姿を十分に認めてもらい喜ぶ。 ●スプーンやフォークの持ち方が少しずつわかってくる。 ●夏の食材を使ったメニューを用意し、季節感を十分に味わう。
援助と環境構成	●一人ひとりのそしゃくや嚥下（えんげ）機能の発達に応じて、食べやすいように小さくしたり、苦手なものは量を加減したりする。 ●スプーンがうまく使えない子には、ひと口大のおにぎりにする、手で持って食べる食材を取り入れるなど、提供の仕方を工夫する。	●自分で食べようとする気持ちを大切にし、よくかむことができるよう、声をかける。 ●涼しい環境を整え、ゆったりした雰囲気のなかで食事ができるようにする。 ●夏野菜の提供の仕方を栄養士と話し合い、食べやすく調理することで食べることができるようにする。
行事食	4月：親子レクリエーション（食育コーナーでのおやつの試食） 5月：こどもの日（こいのぼり寿司、こいのぼりゼリー）	7月：七夕（七夕寿司、七夕ゼリー） 8月：夏のお楽しみ会（夏野菜カレー）
郷土料理・ご当地グルメ	4月：長崎天ぷら、浦上そぼろ（長崎市）　　5月：がめ煮（福岡県）	6月：高菜めし、タイピーエン（熊本県） 7月：シシリアンライス（佐賀県）　　8月：鶏飯（鹿児島県）
絵本・うたなど	[絵本] ●いちご　●やさいのおなか [うたなど] ●いちご　●たまごをポン	[絵本] ●おやさいとんとん　●おにぎり　●しろくまちゃんのほっとけーき [うたなど] ●カレーライスのうた　●トマトのうた　●アイスクリームのうた
家庭との連携	●家庭の子どもの食事状況を把握する（牛乳の摂取などについて確認）。 ●アレルギー児の除去食・代替食は医師の診断書に従い、保護者・保育者・栄養士が連携を密にして進めていく。 ●給食便りや献立表の配布。	●食べる場と遊ぶ場を区別することを伝える。 ●手を添えるなど、食器や食具の持ち方や扱い方を共有する。 ●給食便りや献立表の配布。

※郷土料理・ご当地グルメ…長崎県の当園では、地域の食文化に親しめるよう、長崎県内や九州地方の郷土料理・ご当地グルメを取り入れています。

Ⅲ 期（9〜12月）	Ⅳ 期（1〜3月）
●食事の前に手を洗い、挨拶をする。 ●さまざまな食品や調理形態に慣れ、楽しい雰囲気のなかで食べることができるようにする。 ●スプーンやフォークの正しい持ち方を知る。 	●いろいろな食べ物を見る、触る、かんで味わう経験を通して、自分で進んで食べようとする。 ●残さず自分で食べようとする。 ●散歩などで、地域の畑を見るなどして、野菜などに興味をもつ。
●食事の前には手を洗う習慣をつけるようにする。 ●「いただきます」や「ごちそうさま」の食事の挨拶を習慣づける。 ●好き嫌いが出てくるが、苦手な物も少しずつ口にしてみようという気持ちがもてるようになる。 ●スプーンやフォークを使って食べられるようになる。 ●みかんやバナナの皮をむく体験を通して、食べることを楽しむ。 ●秋ならではの食材や食べ物に興味をもち、「おいしいね」などと声をかけてもらいながら、楽しい雰囲気のなかで食事ができるようになる。	●食事の時間の流れがわかり、落ち着いた雰囲気で食べる。 ●食べ物の好き嫌いがあるなかでも、楽しい雰囲気で食べる。 ●お皿を持ったり、スプーンやフォークを正しい握り方で持ったりすることができるようになり、少しずつこぼさずに食べるようになる。 ●保育者に声をかけられながら、よくかんで食べるようになる。 ●保育者といっしょに給食室へ行き、調理員と関わる機会をもつ。 ●冬の野菜や果物を食べ、味覚や食感を楽しむ。 ●畑の野菜を見て、給食でも同じ野菜に親しみがもてるようになる。
●食事の前後には挨拶することを身につける。 ●場所や机の並べ方を工夫し、楽しい雰囲気のなかで食事をする。 ●体格に合った机や椅子を用意し、姿勢よく座って食事を楽しめるようにする。 ●絵本などを通して「食」に対する興味がもてるようにする。 ●収穫した食材を見たり触れたりして、秋を感じられるようにする。	●保育者もいっしょに食べて「おいしいよ」などと話をしたり、栄養士と連携し、献立の見直しをしたりする。 ●食事の好みに偏りが現れたときは、無理なく個別に対応する。 ●苦手なものも自分で食べることができるよう励ます。 ●一人ひとりに合わせて量を加減しながら、完食できたうれしい気持ちを味わえるようにしていく。 ●歯ごたえのある物を食べることで、しっかりそしゃくできるようにする。 
9月：お月見（お月見寿司、お月見ゼリー） 10月：ハロウィーン（おばけライス、ジャッコランタンサラダ） 11月：焼きいも　　12月：クリスマス（ツリーバーグ）、餅つき（餅）	1月：お正月料理（お雑煮・紅白なます）、七草がゆ 2月：節分（のり巻き） 3月：ひな祭り（ひな祭り寿司・ひなあられ）
9月：ゴーヤーチャンプルー（沖縄県）　　10月：煮ごみ（大村市） 11月：佐世保バーガー（佐世保市）　　12月：鶏天、だご汁（大分県）	1月：ぬっぺ（諫早市）　　2月：つきあげ（大村市） 3月：チキン南蛮（宮崎県）
[絵本] ●くだもの　●おべんとう　●おおきなおおきなおいも [うたなど] ●くいしんぼうのゴリラ　●いもほり　●やきいもグーチーパー ●もちつき	[絵本] ●おおきなかぶ　●からすのパンやさん ●もったいないばあさんのいただきます [うたなど] ●メロンパンのうた　●豆まき　●いわしのひらき
●食前の手洗いや挨拶を習慣づけられるように言葉をかける。 ●1回の食事時間について（ながら食べをしないなど）保護者と話をする。 ●給食便りや献立表の配布。	●家族で食事をとる大切さを伝える。 ●苦手な物も食卓に並べ、食べたらほめてあげるよう伝える。 ●給食便りや献立表の配布。

保健 年間計画

年間目標	●**心身ともに健やかな体をつくる。** ・成長や発達に合わせて、体を動かし、体力をつけ、丈夫な体をつくる。 ●**健康に過ごすことの大切さを知る。** ・早寝、早起き、朝ごはんの習慣を身につける。 ・手洗い、うがい、着替えなどを行い、身の回りを清潔に保つ。	保健行事	内科健診…年2回 身体測定…月1回 歯科検診…年2回 尿検査……年1回 歯と口の健康週間

	保健目標	援助と環境構成	保健行事・家庭との連携
4月	●新しい環境に慣れる。	●健康状態・アレルギー・使用薬品などを確認し、職員間で情報を共有する。午睡チェック表を確認する。 ●新学期の慌ただしさが事故につながらないよう、環境整備に十分注意する。 ●屋外遊具の安全確認をする。	●身体測定（毎月）・内科健診。 ●測定・健診の結果を保護者へ伝える。 ●園での状況をこまめに保護者へ伝える。 ●保健便り作成。
5月	●家庭と園の生活リズムを整える。	●園生活のリズムを確立していく。 ●気温の変化に応じて、着替えて衣類の調整をする。	●ぎょう虫・尿検査。 ●検査結果を保護者へ伝える。 ●半袖と長袖の両方の準備をしてもらう。
6月	●梅雨時期を清潔に過ごす。 ●発汗対策。	●室内遊びの事故防止に努める。 ●保育室の環境整備を行う（室温、換気、採光）。 ●かみつき、ひっかきなどのトラブルの防止に努める。	●歯科検診。 ●検診結果を保護者へ伝える。
7月	●安全に夏の遊びを楽しむ。 ●感染症注意と早期発見。	●水遊びの安全と衛生への配慮を確認する。 ●汗疹（あせも）・眼疾患などの早期発見を心がけ、感染予防に努める。	●水遊びの日は健康チェックをお願いする。 ●感染症の恐れがある場合、保護者と連携し感染拡大予防に協力してもらう。 ●保健便り作成。
8月	●活動と休息のバランスをとる。	●室内外の温度の差を5℃以内とし、水分補給に留意する。 ●戸外では日陰を作り、帽子をかぶり、紫外線・熱中症対策を行う。	●早寝・早起き・十分な休息の必要性を保護者へ伝える。
9月	●体力の回復に努める。	●残暑により食欲減退や体力低下が予測されるため、栄養・休息・睡眠に気を配り、生活のリズムを乱さないよう注意する。	●家庭でも早寝・早起き・朝ごはんのリズムを崩さないよう、保護者と情報を共有する。
10月	●戸外遊びを楽しむ。	●気温の変化に応じた衣服に調整する。 ●過ごしやすい気温になるので、積極的に戸外遊びを行う。	●内科健診。 ●健診結果を保護者へ伝える。 ●うがいコップの準備をしてもらう。
11月	●冬の感染症の予防に努める。	●できるだけ薄着を心がけ、寒さに向かって体力をつけておく。 ●手洗いの習慣づけを行う（共用のタオルは使用しない）。	●季節に応じた衣服を準備してもらう。 ●予防接種の推進。　●感染症の情報提供。
12月	●薄着の習慣をつける。	●暖房使用時は室内の温度・湿度・換気の配慮を行う。 ●冬に流行する病気の予防に努める。	●感染症の情報提供。 ●保健便り作成。
1月	●外気に積極的に触れる。	●インフルエンザや嘔吐（おうと）・下痢などがはやった場合、感染拡大防止のための処理法を確実に知り、対応する。 ●手洗い、うがいをこまめに取り入れ、感染拡大防止に努める。	●感染症の状況を保護者へ知らせる。
2月	●寒さに負けずに過ごす。	●寒さで運動量が減るので、暖かい日は積極的に戸外遊びを取り入れる。 ●室内では薄着で過ごせるよう努める。	●歯科検診。 ●検診結果を保護者に伝える。 ●薄手のシャツと上着を着用するなど、調節できる衣類を準備してもらう。
3月	●成長を確認し、喜ぶ。	●1年間の身体計測の結果をまとめ、成長を確認し記録する。 ●次の学年へ引継ぎをする。	●成長を保護者と共有し喜ぶ。

防災・安全 年間計画

年間目標	●災害などの際、園内放送や担任の話を静かに聞き、指示に従って落ち着いて行動する。 ●さまざまな起こりうる事態を想定し、避難訓練を行うことで、状況に対応したさまざまな避難方法を知る。

	訓練形態	設定時間・園児のいる場所	発生の想定	訓練の内容・配慮・留意点
4月	火災訓練①	10時 (活動時間) 保育室	調乳室より出火	●実施前に、園児に避難訓練について紙芝居などを利用してわかりやすく話をしておく。特に非常ベルが鳴ることは事前に話しておく。 ●新しい保育室になったことで、火災時の避難経路・方法が昨年度と異なるため、職員の役割分担を確認しておく。
5月	地震訓練① ↓ 火災訓練②	10時 (活動時間) 保育室	震度3を想定	●新しい保育室で地震が起きた際の対応方法を、担任も含め再確認する。 ●担任は、地震発生時と火災時との役割分担の違いも確認し、その後、火災発生の想定で訓練を行う。
6月	不審者訓練①	10時 (活動時間) 保育室	不審者レベル1 外見で判断不可 玄関より訪問	●判断がつかない場合でも、一度園外に誘導するなど、職員の動きを確認する。 ●不審者は玄関前で管理者が確保する設定。 ●担任は、園児に「知らない人にはついていかないこと」などを話す。 ●不審者侵入時の園内の合言葉を確認する。
7月	火災訓練③	11時30分 保育室・トイレ	給食室より出火	●園児が保育室とトイレにいた場合の職員の連携を再確認する。 ●園児の人数確認を必ず行う。 ●天災・火災はいつ起こるかわからないということを伝える。
8月	地震訓練②	11時30分 保育室・トイレ	震度3を想定	●園児が保育室とトイレにいた場合の職員の連携を再確認する。 ●ハザードマップの避難所へ歩いて行き、位置などを確認する。
9月	不審者訓練②	10時30分 園庭	不審者レベル2 玄関より侵入	●不審者に気づいた職員はすぐに合言葉を園児や他職員に伝え、素早く園内へ避難し、一斉放送を行う。そのための職員の動きを確認しておく。
10月	火災訓練④	16時30分 (保護者送迎時間) 園庭	近隣事務所より出火	●保護者に事前に伝え、降園と重なった場合は訓練に参加してもらう。 ●園庭でも園児たちが放送をきちんと聞けているかを確認する。 ●近隣火災を想定し、出火場所により避難経路が違うことを確認する。
11月	地震訓練③	16時30分 園庭	震度3を想定	●保護者に事前に伝え、降園と重なった場合は訓練に参加してもらう。 ●園庭でも園児が放送をきちんと聞けているかを確認する。
12月	不審者訓練③	16時30分 園庭	不審者レベル3 玄関より侵入	●合言葉も含め、保護者に事前に伝え、降園と重なった場合は訓練に参加してもらう。 ●園内・保育室への避難のしかたを再確認する。
1月	台風・増水訓練①	10時 保育室	保育中に近くの川が氾濫	●識者の指示に従い、ハザードマップの避難所に歩いて行き、確認する。 ●保護者への引き渡し方法も職員で確認しておく。
2月	火災訓練⑤	10時30分 園庭	事務所より出火	●職員・園児に訓練時間の周知をせずに行う。 ●慌てず訓練が行えたか、1年の振り返りも含め、反省をまとめる。
3月	地震訓練④	10時30分 園庭	震度3を想定	●職員・園児に訓練時間の周知をせずに行う。 ●慌てず訓練が行えたか、1年の振り返りも含め、反省をまとめる。

月案 ……………… p34

週日案・
保育の展開 ……… p40

子どもの姿と保育のポイント

4月は不安でいっぱい

初めての環境に慣れていないので、登園後しばらく泣いている姿が見られます。保護者と十分に話し合い、最初は給食時間まで、慣れてきたら午睡まで…と保育時間を少しずつ延ばしながら、個々の生活リズムを整えられるよう努めます。不安な子どもの気持ちを受け止め、一対一の関わりを大切にしながら、あやしたり、だっこをしたりして、人と関わることの楽しさや心地よさを伝えていきましょう。子どもが興味をもちそうなおもちゃを準備したり、好きな遊びを見つけたりして、安心して過ごせるように環境を整えることも大切です。

また、4月は子どもだけではなく保護者も不安な気持ちでいっぱいです。その日の子どもの様子を伝え、保護者の不安な気持ちを早く取り除けるようにしたいですね。

保護者に伝えること、確認すること

＜園やクラスの方針・お願い＞

園の方針やクラスでのお願いを伝える必要があります。持ち物は、クラスの前に実物を置くとわかりやすく、保護者が準備しやすくなります。

＜持ち物への記名＞

衣服はもちろん、おむつなど全ての持ち物に記名をお願いします。取り違えに気をつけましょう。

＜子どもの服装＞

活動しやすい服装をお願いします。デニムなど着脱が困難な服やスカートは避けてもらいましょう。

＜家庭で過ごす時間の大切さを伝える＞

就労や家庭の事情に配慮したうえで、家庭で過ごす時間の大切さを伝え、子どもの情緒の安定が図れるようにしていきましょう。

＜子どもの癖や配慮すべき事柄の確認＞

癖や配慮すべき事項を確認します。特にアレルギーの有無は確実に家庭と情報を共有し、職員間でも確認し合います。

新要領・
新指針の
視点で

今月の保育ピックアップ

子どもの活動

身近な大人と絆を深める

身近な大人にあやしてもらうと喜びます。その一方で知らない人だと泣いてしまいます。あたたかな関わりのなかで絆を深めます。

また会えたね!

子どもの活動

泣いたとき気持ちを切り替えてもらう

初めての環境で泣いてしまう子には、気持ちを切り替えるために、個別に園内や園外のお散歩をするなどします。

金魚さんを見に行こうー!

4月のテーマ

保育者との
触れ合いのなかで、
安心して過ごせる
ようになる。

保育者の援助

お膝で絵本を読んであげよう

保育者と触れ合い、安心感をもちながら絵本を楽しめるようにします。
<例>　・なーらんだ
　　　・だるまさんシリーズ

保育者の援助

触れ合い遊びの大切さ

スキンシップを十分に行うことで、子どもの情緒が安定し、問題行動が減ってくるといわれています。乳幼児期からのスキンシップが大切です。人と実際に触れ合って遊ぶ機会をもてるようにしましょう。子どもにテレビやビデオを見せてばかりでは、コミュニケーション能力の発達が促されません。保護者にも協力をお願いします。

こちょこちょー

4月 月案

今月の保育のねらい

●あたたかい雰囲気のなか、保育者に見守られながら好きな遊びを楽しむ。
●新しい保育室、保育者に慣れて安心して過ごす。

	子どもの姿	ねらい	子どもの 養護
A ちゃん（1歳2か月）	●登園時、保護者と別れるときに泣く日もある。 ●好きな物は手づかみで食べているが、しばらくすると遊び出す。 ●午睡の途中に目を覚まし、泣き出す日もある。 ●さまざまなことに興味を示し、四つんばいや伝い歩きで遊び出す。 	◇気持ちを受け止めてもらい、安心して過ごす。 ◇保育者に見守られ、安心して眠る。 ◆好きなおもちゃに自分から関わり、十分に遊ぶ。	◇平常の健康状態や発達状態を的確に把握してもらい、安心して過ごす。 ◇清潔に保たれた安全な保育環境のなかでゆったりと過ごす。
B ちゃん（1歳6か月）	●新しい環境に慣れずに泣き出す日が多いが、次第に保育者に慣れ、だっこを求めて安心して過ごせるようになる。 ●スプーンで食べるようになるが、まだうまく使えず、手づかみになる。 ●歩行が確立してきて、歩くことを楽しみ、さまざまな所へ行くようになる。	◇汚れたおむつやパンツを優しく取り替えてもらいながら、きれいになった心地よさを感じる。 ◆スプーンを持って食べようとする意欲を受け止めてもらいながら、喜んで食事をする。	◇安心できる保育者との関係のなかで、食事、排泄などの活動を自分でしようとする気持ちが芽生える。 ◇遊びや生理的な欲求を十分に受け止めることによって、安定した生活が送れるようになる。
C ちゃん（1歳10か月）	●初めての環境に泣き出す日があったが、次第に慣れ、保育者といっしょに保育室や戸外で好きな遊びを楽しむようになる。 ●おむつやパンツがぬれていても気にせずに、遊びに夢中になっていることがある。 ●戸外に出ると喜び、元気に走り回る姿が見られる。 	◆新しい環境に慣れ、保育者とのコミュニケーションを図りながら、身近な物に興味をもつ。 ◆生活のあらゆる場面で、保育者や友達といっしょに活動に参加しようとする。	◇スキンシップにより、保育者との関わりの心地よさや安心感を得るようになる。 ◇気分次第でおまるに座ったり嫌がったりするが、常にトイレへ誘いながら自立へと促す。 

今月の食育

- ●アレルギーがある子どもの除去食は医師の指示に従い、保護者、担当保育者、栄養士が連携を密にして進めていく。
- ●手づかみやスプーンで自分から意欲的に食べようとする。

行事予定

- ●入園進級式　●身体測定　●誕生会
- ●避難訓練　●親子レクリエーション
- ●内科健診

◇…養護面のねらいや活動内容　◆…教育面のねらいや活動内容　★…家庭との連携

活動内容 教育	援助と環境構成
◆簡単なわらべうた遊びを保育者といっしょに行い、スキンシップを図りながら心地よいやりとりを楽しむ。 ◆好きなおもちゃや遊具に興味をもって関わり、さまざまな遊びを楽しむ。 ◆保育者の声かけに応えて、声や言葉で気持ちを表そうとする。 ◆保育者といっしょにうたったり手遊びをしたり、リズムに合わせて体を動かしたりして遊ぶ。	●ゆったりした雰囲気のなかで過ごせるように、生活や遊びの場を清潔で安全に整える。 ●必要であれば午前中にも睡眠時間を確保する。 ●いろいろな場面で、喃語（なんご）や言葉の発語を促すよう配慮する。 ★毎日の機嫌や食事、睡眠などの子どもの様子を、保護者にていねいに伝える。
◆探索活動を楽しみながら、保育者といっしょに好きな遊びを見つけて遊ぶ。 ◆保育者や友達に関心をもち、まねをしたりして自ら関わろうとする。 	●興味を示し、好んで遊ぶ遊具は、十分に用意しておく。 ●環境変化による疲労があることを考慮して、適切な午睡がとれるようにする。 ●奥歯が生えそろっていないので、食材の形態や野菜の大きさ、軟らかさを考え、給食スタッフと連携して工夫する。 ★園や家庭での様子を共有し、楽しい園生活が過ごせるように生活リズムを把握する。
◆発達に合わせた運動や活動で、体を使って十分に遊ぶ。 ◆園庭や園外で自然に触れて遊ぶ。 ◆保育者といっしょに絵本を見たり、歌をうたったりして、言葉のやりとりを楽しむ。 ◆同じおもちゃをめぐってトラブルとなり、友達を押したりたたいたりかみついたりするときがあるので、そのつど指導しながら、規範意識の芽生えを育てる。	●動きが活発になり思いがけないけがをすることもあるので、安全には十分に気をつける。 ●かみつき、物の取り合いが予測されるので、おもちゃや遊具は同じ所に偏らないように構成したり、保育者の配置に注意したりする。 ●活動の節目でトイレに誘う。 ★新しい環境になり疲れが出やすいので、毎日の健康状態の把握を家庭と共有していく。

保育資料

【戸外遊び】
固定遊具、砂場、押し車
【室内遊び】
積み木、ぬいぐるみ、絵本、ままごと
【運動遊び】
散歩
【表現・造形遊び】
リトミック、チューリップ（足型を葉っぱに見立てる）
【絵本】
・いいおへんじできるかな　・いないいないばあ

職員間の連携

- ●1日の生活リズムや在園時間が異なる子どもがいることを踏まえ、落ち着いた生活が送れるよう職員間で話し合い、配慮していく。
- ●一人ひとりの体調や機嫌の良し悪し、特徴などについて保護者から得た情報を共有し、共通認識をもって保育にあたる。

自己評価の視点

子どもの育ちをとらえる視点

- ●保育者に個々の気持ちを受け止めてもらい、楽しく通園することができるようになってきているか。

自らの保育を振り返る視点

- ●一人ひとりの子どもたちと十分にスキンシップを図り、ゆったりとした雰囲気のなかで、個々の気持ちを受け止めることができたか。
- ●家庭と密に連携し、園児と保護者両方の気持ちを和らげ、安心して過ごせるよう配慮できたか。

5月

月案 ……………… p38

週日案・
保育の展開 ……… p40

子どもの姿と保育のポイント

新しい環境に慣れ始める

4月に比べると、泣かずに過ごせることが多くなってきます。しかし、まだ自分の気持ちを上手に表現できずに泣く子がいます。一人ひとりの欲求や要求を満たしながら、安心して過ごせるように環境を整えていきましょう。ひどく泣くときは、少し園内を散歩したり、兄や姉のクラスに行って気分転換したりして一人ひとりの気持ちを優しく受け止め、安心して園生活を送れるよう配慮します。

また、連休明けには生活リズムを崩していることが予想されます。子どもの健康状態を保育者同士で話し合ったり、保護者から家庭での様子を聞いたりして、個々の体調や状況を把握しましょう。そのうえで、じっくりと遊べるようにコーナーを作ったり、子どもが興味をもって遊べる保育内容を工夫したりしていきましょう。

戸外でたくさん遊ぼう！

気候のよい5月は、戸外での活動が増えます。安全に気をつけながら、誘導ロープや散歩車で園周辺の散策を楽しんだり、「きれいな花が咲いているよ」など保育者が指さしたりして、草花などの自然に意識が向くようにするといいですね。

散歩で地域のこいのぼりを見ながら、会話を楽しみ、こいのぼり製作では、「赤色と青色のこいのぼりが泳いでいたね」などと言葉かけしながら製作活動につなげましょう。

園庭では、遊具の点検や小石拾いを行い、危険がないように気をつけます。テントで日陰をつくり、休息できる環境を整えてあげましょう。

運動会に向けて

6月の運動会に向け、園庭遊びでかけっこをしたり、笛の合図でスタートができるようにしたりします。運動会の要素を遊びに取り入れ、楽しんで運動会に参加できるよう配慮します。

新要領・新指針の視点で

今月の保育ピックアップ

子どもの活動

楽しいお散歩

気候のよい5月。安全に配慮しながら散歩を楽しみましょう。

子どもの活動

自然と遊ぼう

いろいろな草花が見られる時期。触ったり匂いをかいだりするなど、自然に触れ感動する体験を通し、自然の変化を感じたり五感が刺激されたりして感性と好奇心が育まれます。

5月のテーマ

自然に触れながら、
戸外遊びを
十分に楽しむ。

保育者の援助

光のシャワー

すずらんテープで作ったのれんを広げてみましょう。風に揺られて光のシャワーのできあがりです。

行事

もうすぐ運動会

遊びのなかに4列並びやかけっこを入れるなどして、運動会に向けて少しずつ取り組んでいきましょう。

行事

こどもの日のお祝い

こどもの日を祝います。製作したこいのぼりは持ち帰ります。

写真　なぐり描き

5月 月案

	子どもの姿	ねらい	子どもの 養護
Aちゃん（1歳3か月）	●友達の存在に興味を示し、進んで近寄って関わりをもとうとしている。 ●好きな物は手づかみで意欲的に食べるが、苦手な物は指でつまんで皿から落とそうとしたり、皿を落としたりしようとする。 ●自分で好きな遊びを見つけ出し、楽しんでいる。 	◇体調に留意し、暖かい日ざしや外気に触れながら安心して生活できるようにする。 ◆あたたかく落ち着いた雰囲気のなかで、興味をもった好きな遊びを楽しめるようにする。 ◆指でさしたり声を上げたりして、自分の思いを伝えようとする。	◇自分でスプーンを使ったり、手づかみで食べたりする。 ◇保育者との触れ合いを通して、安心して過ごす。 ◇好きな場所やおもちゃを見つけて、遊びを楽しむ。
Bちゃん（1歳7か月）	●保育者や友達との関わりを楽しみ、落ち着いて過ごしている。 ●トイレへ誘うと、嫌がることなく自分でズボンを脱いで行こうとする。 ●歌や手遊びを好み、曲が聞こえてくるとうれしそうに体を動かそうとしている。 	◆保育者との関わりを楽しみ、保育者に受け止められているという安心感のもとで、好きな遊びを楽しむ。 ◆春の自然に触れ、保育者や友達といっしょに戸外遊びを楽しむ。 ◆自分の興味のある所へ進んで寄って行き、戸外遊びを存分に楽しむ。	◇保育者といっしょに簡単な衣服の着脱をしようとする。 ◇トイレへ向かう経験を重ね、便器に座ることに少しずつ慣れていく。
Cちゃん（1歳11か月）	●生活のリズムが整い、安心して過ごしている。 ●スプーンを使って自分で食べるなど食事に対し意欲的である。 ●衣服の着脱を少しずつ自分でしようとする。 ●保育者や友達との関わりのなかで、自分の思いがうまく伝わらなかったり、思い通りにならなかったりすると、手が出たり泣き出したりする。	◇保育者と関わりながら、気持ちを十分に受け止めてもらい、安心して過ごせるようにする。 ◆戸外に出ていろいろな物を見たり触れたりして、楽しむ。 ◆触れ合い遊びや手遊びなどを通して、保育者と十分に関わりをもって過ごす。	◇園での生活や雰囲気、環境に慣れて、保育者に見守られながら安心して過ごす。 ◇保育者に手伝ってもらいながら、衣服の着脱をしようとする。 

今月の食育

- ●自分で食べようとする気持ちを認め、食べることの楽しさを伝えていく。
- ●友達や保育者の顔が見えるように机の位置を工夫したり、楽しい雰囲気で食事ができるようにする。

行 事 予 定

- ●こどもの日お祝い会　●誕生会
- ●避難訓練　●身体測定

◇…養護面のねらいや活動内容　◆…教育面のねらいや活動内容　★…家庭との連携

活動内容　教育	援助と環境構成
◆行動範囲が広くなり、興味をもっていろいろな場所に歩いて行き、見たり触れたりする。 ◆バギーに乗って散歩に出かけ、戸外の気持ちよさを感じたり、目に映るさまざまな動く物に興味を示したりする。 ◆生活のなかの簡単な言葉を保育者とのやりとりで楽しむ。	●自分で食べようとしているときには、その意欲を十分にほめ、次の意欲へつながるようにする。 ●興味をもった物で遊べるようにそばで見守ったり、指さした物を言葉で返してあげたりして、ゆっくりていねいに関わるようにする。 ●興味のある絵本を保育者と楽しむなかで発語を促す。 ★食べ物の好みや量、食べ方など家庭での様子を聞き、同じような環境で食事ができるように配慮する。
◆天候のいい日には進んで戸外へ出て、固定遊具や砂遊びなど好きな遊びをじっくり楽しむ。 ◆保育者と喜んで歌をうたったり絵本を見たりする。 ◆友達と関わることの楽しさを味わう。 	●子どもの気づきや発見に共感したり、いっしょに触れたりして、探索活動を十分に楽しめるようにする。 ●甘えたい気持ちやしてほしいことを受け止めながら、保育者の思いも伝えていくようにする。 ●興味を示し、好んで遊ぶおもちゃを、十分に用意しておく。 ★トイレでの排泄（はいせつ）に進んで行っていることを家庭に伝え、成功したときにはいっしょに喜べるような関係を築く。
◆戸外で花や虫を見つけて触ったり、見つけたことを保育者に教えたりする。 ◆簡単な歌を保育者といっしょに口ずさむ。 ◆保育者や友達の名前を呼ぶようになる。 ◆保育者にしてほしいことや伝えたいことを、動作や簡単な言葉で知らせ、伝えようとする。 	●「自分で」という気持ちを大切にし、身の回りのさまざまなことに興味や関心を広げていけるように援助をする。 ●子どもの気持ちに寄り添い、いっしょになって好きな遊びや発達に合った遊びをする。そのなかで、のびのびと十分に楽しめるような働きかけをする。 ●子どもの伝えたい思いや言葉に耳を傾け、ていねいに応えていく。 ★食事や衣服の着脱などに関心をもって取り組んでいる姿を伝え、家庭での様子も聞く。

保育資料

【戸外遊び】
固定遊具、砂場、押し車
【室内遊び】
積み木、手作りおもちゃ、絵本、ボールプール
【運動遊び】
散歩、かけっこ遊び
【表現・造形遊び】
リトミック、
こいのぼり（写真付き、パステルなぐり描き）
【絵本】
・くっついた　・がたんごとんがたんごとん

職員間の連携

- ●子ども一人ひとりの健康状態などを確認し合い、関わり方に一貫性をもつように心がける。
- ●子どもたちの「自分で」という意欲を大切にしながらあたたかく見守っていき、必要に応じて援助をしていくことを確認し合う。

自己評価の視点

子どもの育ちをとらえる視点

- ●気持ちや意欲を十分に受け止めてもらいながら安心して過ごせていたか。
- ●戸外で過ごす心地よさや好きな遊びを見つけることの楽しさを味わい、のびのびと過ごせていたか。

自らの保育を振り返る視点

- ●一人ひとりの生活のリズムを大切にしながら関わり、子どもたちが心地よい環境のなかで過ごすことができるように配慮できたか。
- ●あたたかい雰囲気を心がけ、子どもたち一人ひとりとじっくり関わることができたか。

週日案

4月 第1週

		主な活動	準備	環境および援助のポイント	子どもの様子・反省・評価
ねらい	●新しい環境や保育者に親しみ、慣れる。 ●戸外でのびのびと遊ぶ。			先週の様子	

		主な活動	準備	環境および援助のポイント	子どもの様子・反省・評価
30日(月)〜4日(土)	30日(月)				
	31日(火)				
	1日(水)	●入園式 ●戸外遊び ●室内遊び	●戸外おもちゃ ●室内おもちゃ	●初めての環境や保育者に慣れることができるよう、子どもが安心できるような言葉かけや関わり方を心がける。 ●一人ひとりの不安な気持ちを受け止め、優しく声をかけて、一対一の関わりを大切にしていく。 ●一人ひとりの生活リズムを把握し、安心して園生活が送れるよう配慮する。 ●戸外遊びでは、職員間で連携をとりながら安全に楽しく遊べるようにする。また、歩けない子どもも安心して過ごせるよう配慮する。	進級児は泣く子も少なく、新しい部屋と保育者にもなじんで過ごすことができた。スキンシップを図り、安心して生活できるように心がけていく。
	2日(木)				新入園児は初めての登園で受け入れ時から激しく泣く子が多い。安心できるようにだっこやおんぶをして少しでも不安が和らぐようにしていく。
	3日(金)				雨のため、室内で遊ぶ。気分転換に園内を散歩したりボールプールで遊んだりした。新入園児は個々の生活リズムに合わせて午前睡をするなどゆったり過ごすようにする。
	4日(土)				朝の受け入れ時は、泣く子が多く落ち着かなかった。部屋を2つに分け、少人数で安心できるようにする。戸外遊びでは機嫌よく遊ぶ子どもが多かった。
週の反省		新入園児は、朝から泣きながら登園した。特に朝夕は泣いて不安な様子が見られる。不安な気持ちや慣れない環境に戸惑う気持ちをくみ取り、安心できるようにだっこやおんぶなどのスキンシップを心がける。できるだけ一人ひとりにじっくり関わることができるように心がけていきたい。また、進級児への配慮もしていきたい。				

4・5月
週日案

5月 第5週

ねらい	●戸外に出て外気に触れ、全身を動かして元気に遊ぶ。 ●運動会の練習を楽しみながら行う。

先週の様子	●手足口病は少しずつ落ち着いてきたが、嘔吐、下痢が出始める。鼻水やせきが出る子どもも多い。 ●運動会の親子競技の練習では、トンネルくぐりを嫌がる子どもは少なく、楽しそうにくぐることができていた。

		主な活動	準備	環境および援助のポイント	子どもの様子・反省・評価
25日(月)〜30日(土)	25日(月)	●戸外遊び ●室内遊び ●かけっこ練習	●戸外おもちゃ ●室内おもちゃ ●ゴールテープ ●手押し車 ●ライン ●笛	●暑くなってきたので、水分補給をしたり、休息をとったりしながら健康に過ごせるように配慮する。 ●園庭で遊ぶときは、固定遊具などでけがをしないように、また、危険な遊び方をしないように声をかけ、安全に遊べるようにする。 ●食事では、月齢に応じて手づかみから徐々にフォークやスプーンを使って食べることができるようにしていく。マナーについても指導していく。 ●着脱に興味をもつ子どももいるので、難しいところは手伝いをしながら少しずつできるような援助をしていく。できたときは十分にほめ、次の自信につながるようにする。 ●かけっこの練習では、ゴールに向かって走るということを楽しめるように声かけをしていく。 ●スタート前、ゴール後の流れも子どもが理解できるように繰り返し練習していく。	ホールでかけっこの練習を行う。スタートの合図前に走り出したり、立ち止まったりする子どももいたが、保育者と走ることで楽しく取り組む姿が見られた。
	26日(火)		●テント		園庭で遊ぶ。テントを準備して日陰をつくったり、水分補給をしたりしながら遊ぶ。下痢や食欲がない子どもが数名おり、体調の変化に気をつけながら過ごした。
	27日(水)	●運動会総合練習	●ゴールテープ ●手押し車 ●ライン ●笛 ●誘導ロープ		運動会総合練習に参加する。かけっこでは大半の子どもがスタートの合図で走るようになってきた。無理なく楽しく取り組むことができるように配慮する。
	28日(木)				おもちゃの取り合いが多く見られるが、保育者の声かけにより「貸して」と言葉にして言うことができてきた。以前と比べ、少しずつ貸し借りをする姿も見られるようになった。
	29日(金)	●かけっこ練習	●ゴールテープ ●手押し車 ●ライン ●笛 ●誘導ロープ		かけっこの練習を行う。名前を呼ばれると、手を挙げて「はい」と返事をすることができた。途中で立ち止まる子どももいたが、楽しんで練習することができた。
	30日(土)		●シール ●風船		室内でシール貼りや風船遊びを行う。シール貼りでは集中して取り組むことができていた。子どもたちも喜んでいたので、今後も活動に取り入れていく。

週の反省	下痢が続く子どもが数名おり、食欲も戻らず、本調子ではない様子であったが、週末には少しずつ落ち着いてきた。園庭で行った運動会総合練習のかけっこでは、泣かずにゴールまで走っていた子どもが多くいた。笑顔も見られ、楽しく参加できていた。個々の体調管理に気を配り、運動会本番では元気に全員で参加できるよう配慮する。

健康

生活リズムを整えて、新年度をスタート！

入園・進級時には、身体的・精神的に負担が大きいもの。家庭では、子どもが家族と触れ合い、ゆったりと過ごせるように、保護者と連携していきましょう。

入園・進級前

入園面接で、園での給食の内容、睡眠時間など、園生活の流れを伝えます。保護者の就労状況・家庭環境を把握したうえで保護者と連携して子どもの生活リズムをつくっていきましょう。担任保育者間では、入園面談票・家庭生活調査票などを引き継ぎ、確認します。

入園・進級当初

入園・進級当初は、送迎時や連絡帳を利用して、細かく家庭とやり取りします。保護者の不安な気持ちを受け止め、園での生活の様子を伝えて、保護者との信頼関係を築いていきます。

生活リズムを整えるために大切なこと

保護者と連携して、子どもたちの生活リズムを整えていきましょう。早寝早起きによって、日中にしっかりと活動できるようになり、それが健全な発達や成長につながります。

●**まずは早起き**
脳は、朝の光を浴びることでリセットされ、そこから1日がスムーズに始められると言われています。保護者にまず、早起きから取り組んでもらいましょう。

●**たくさん遊ぶ**
日中に体をよく動かすことで、心地よく疲れると、早めに眠りにつけるようになります。

●**食事は決まった時間に**
夕食の時間が定まると、そのあとの就寝の時間までのリズムがつくりやすくなります。

朝　　昼　　夜

安全

配慮と工夫で安全な園生活

1歳児は自分では危険なことや場所がわかりません。室内でも屋外でも、安全対策のための配慮や工夫を行っていきます。

🌸 室内での安全対策

　角や隙間など、危険な場所・物がないか確認します。また、かみつき・ひっかき・物の取り合いがよく見られるようになったら、次の事を見直してみましょう。

①おもちゃの量は適切か（十分に楽しめる量か、多過ぎないか、少な過ぎてけんかにならないか）。

②子どもの成長に合った遊具や絵本が用意できているか。

③子どもの人数に対して、十分な広さが確保できているか。

④おもちゃや保育者が1か所に集中しないような配置になっているか。

🌸 屋外での安全対策

　保育者も子どもといっしょになって遊び、安全な遊び方を伝えていきます。子どもの動きがダイナミックになってくるので、鉄棒からの落下や高い場所からの飛び降りなど、動きとそれに伴う危険を予測しながら見守っていきます。

　また、設備の点検も欠かせません。毎週月曜日に通用門の鍵の安全性を確認するとともに、遊具や砂場などについては、チェック表を用いて、確認漏れがないようにするとよいでしょう。

●活動をスムーズに、個々を観察しやすいようにクラスを分ける方法の例

●園庭遊具チェック表の例

対象児	遊具名	チェック項目	5月			
			佐藤	鈴木	田中	備考
0・1・2歳児	ぶらんこ	ネジが緩んでいないか				
		安全マットは定位置にあるか				
	滑り台	ネジが緩んでいないか				
		滑る場所に突起物はないか				
		滑り下りる場所は整備されているか				
	砂場	異物はないか				
		整備はされているか				
	マーメード（砂遊び）	異物はないか				
		整備はされているか				
		ネジが緩んでいないか				
	ままごとハウス	朽ちている場所はないか				
		ネジが緩んでいないか				
		内部に異物はないか				
		整備はされているか				
	動物乗り物（くじら）	破損していないか				
		けがしそうな部分はないか				
		整備はされているか				

親子イベント

園生活を知ってもらおう！親子レクリエーション

ようこそ、こども園へ！ この行事では、安心感をもって園生活を過ごせるように、親子で触れ合って遊びながら、園舎や保育者の様子を知ってもらい、安心感につなげます。

🌸 園のことを紹介する機会

保育室や園庭にさまざまなコーナーを用意し、「親子レクリエーション」を実施しています。この行事では、親子でいっしょに触れ合いながら遊ぶことができます。

園内で実施する行事が少ないので、保護者に、園舎や職員を紹介するよい機会として4月の土曜日に実施しています。事前に案内図（p45参照）を配布するなどして、この行事をお知らせし、期待感を高めていきます。

🌸 参加率アップのための工夫

仕事などで忙しく、園行事に参加したくても、なかなか参加できない保護者もいます。親子レクリエーションとPTA総会を同日に開催することで、両方への参加率がアップしました。PTA総会の間は、保育者が園児を預かり、終了後に親子レクリエーションをスタートします。

🌸 食育への取り組みを紹介

親子レクリエーションでは、子どもたちが園でどんな食事をしているのかを伝え、保護者の安心感につなげています。

●展示
給食や離乳食の説明・進め方などをパネル展示にしました。園での食育への取り組みを写真を使って紹介しています。

●手作りおやつの試食
事前配布の引換券で、手作りおやつと交換できます。
例：豆乳お好み焼き、ピザ、じゃこトースト、飲むヨーグルト

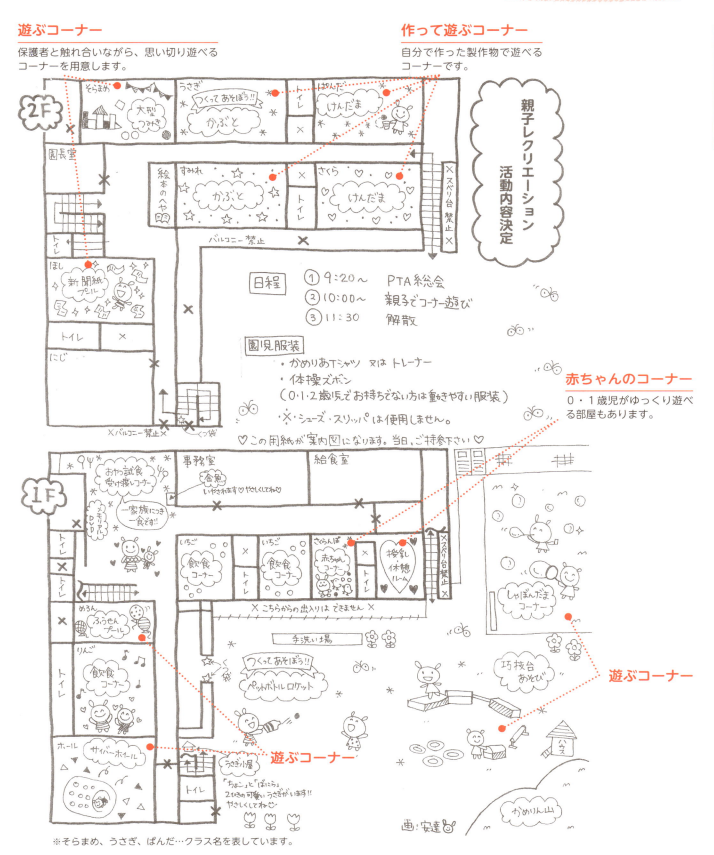

遊ぶコーナー
保護者と触れ合いながら、思い切り遊べる
コーナーを用意します。

作って遊ぶコーナー
自分で作った製作物で遊べる
コーナーです。

親子レクリエーション
活動内容決定

日程
① 9:20〜　PTA総総会
② 10:00〜　親子でコーナー遊び
③ 11:30　解散

園児服装
・かめりあTシャツ 又は トレーナー
・体操ズボン
（0・1・2歳児でお持ちでない方は 動きやすい服装）
・× シューズ・スリッパは使用しません。
♡この用紙が案内図になります。当日、ご持参下さい♡

赤ちゃんのコーナー
0・1歳児がゆっくり遊べ
る部屋もあります。

遊ぶコーナー

遊ぶコーナー

画：安達

※そらまめ、うさぎ、ぱんだ…クラス名を表しています。

45

あしたの保育につながる記録と書類作成

記録や書類作成は大変！　けれども、その記録はあしたの保育につながっていきます。
保育者の重要な仕事の1つです。

📖 書類・記録の種類

保育者が記入する書類や記録にはどんな物があるか、把握しておきましょう。

<例>
・年間指導計画
・月案　　　・週日案
・保育の記録
・児童の記録
・健康票（内科健診・歯科検診）
・午睡チェック表
・幼保連携型認定こども園園児指導要録
・連絡帳
・クラスだより、園だより…など

● 年間指導計画

クラス運営について、担任間で話し合い、園行事なども考慮して計画を立てます。

● 月案

週日案につながるように、月の計画を立てます。

● 週日案

この活動で何が育ってほしいのか、子どもが興味関心をもてたか…などの観点を定め、記入します。

＊研修への参加と、カリキュラム・マネジメント

研修会には積極的に参加し、自分を高め、向上できるようにします。園内で研修報告会をして、職員間で共有したものを日々の教育・保育に取り入れ、指導計画に反映するなどしていきます。計画は、作成したらそのままにせず、Plan計画→Do実践→Check評価→Action改善を繰り返し、カリキュラム・マネジメントにつなげることが大切です。こうしたことを積み重ね、教育・保育の質の向上を図っていきましょう。

📖 連絡帳の役割

連絡帳も、保育の記録の1つです。また、保護者と信頼関係を築くうえで、重要な役割をにないます。連絡帳に悩みや相談を記入する保護者もいるので、気持ちに寄り添いながら記入しましょう。保護者は、答えが欲しいとは限りません。まずは、保護者の気持ちを受け止めることが大切です。送迎時などに直接話をしたほうが、安心する場合もあります。

📖 保育の記録は、あしたの保育につなげるためのバトン

保育の記録（振り返り）には、月案・週日案を受けて、日々の保育のなかで気づいたことを書き留めます。記録は過去を反省するだけでなく、きょうの保育をあしたの保育へとつなげるバトンの役割があります。ポイントを決めて、具体的に記録することで、保育の場面がいきいきと思い出されます。続けるうちに、自分の保育に足りないところが見えてきて、見通しが立てられるようになり、あしたの保育に生かすことができるようになるでしょう。

わらべうた

心地よいわらべうた遊びでリラックス

保育者や保護者がわらべうたをうたいながら体に触れると、子どもはとてもリラックスし、安定します。わらべうた遊びを取り入れてみましょう！

わらべうたのよさ

簡単なフレーズのものから始めてみましょう。「あぶくたった」「一本橋こちょこちょ」「ずいずいずっころばし」など心地よいリズムのわらべうたをゆったりとした口調でうたうと、安心感がもてます。

わらべうたに包まれていると、情緒が安定し、優れた語感を身につけることができるようになっていきます。言葉の発達は、心の発達にもつながります。

こんなときにおすすめ！

● 泣いて機嫌が悪く、落ち着かせたいとき。
● 登園して、気持ちを落ち着かせたいとき。
● 午前睡や午睡のとき。
● 着替えのとき（マッサージするように）。

慣れてきたら

慣れてきたら、アクセントやリズムを付けて、ドキドキ・わくわくするような口調でうたいながら触れ合っても楽しいですね。季節の歌や顔遊び、手を使った遊び、足・膝を使った遊びを取り入れてもよいでしょう。

保育者と子どもとの一対一の遊びが基本となりますが、遊び慣れたら、子ども3〜4人で遊んでも楽しめます。

子育て支援にも

当園では、家庭で育児をしている方を対象に、子育て情報の発信や子育て相談を行い、子どもたちが健やかに成長するための支援を行っています。

親子で触れ合って遊べるわらべうた遊びは、子育て支援の活動にもぴったりです。わらべうた遊びの他に、ベビーマッサージ、リトミック、製作遊び、ミニクッキングなどのさまざまな活動を行い、遊びの場や仲間づくりの場を提供しています。

こちょ
こちょ

月案 ……………… p50

週日案・
保育の展開 ……… p60

子どもの姿と保育のポイント

室内遊びを楽しもう！

＜手作りおもちゃ＞

雨の多い季節です。室内でじっくりと遊べるような手作りのおもちゃを用意してみましょう。乳酸菌飲料の空き容器やペットボトルに、米・大豆・ビーズなどを入れた簡単なマラカスでも、子どもたちは大喜びです。手作りマラカスの口はしっかりと閉じて、誤飲が起こらないように気をつけましょう。

＜リトミック＞

保育者のピアノに合わせてリトミックなどの音楽遊びを取り入れるのもよいですね。初めは、保育者の動きを見て楽しみますが、月齢の高い子どもたちは、少しずつ保育者の動きを見ながらまねしてみたり、ピアノの音に反応して手足を動かしたりして、活発に体を動かして遊ぶことができます。

＜保育室での遊び＞

保育室にマットや低い跳び箱を用意して、はいはいで山登りをする遊びを準備します。

この時期は、高温多湿で少し動くだけでもたくさんの汗をかきます。こまめに着替えたり、水分補給をしたりと、体調管理には十分気をつけましょう。また、室内の湿度や温度を確認し、じめじめしたこの季節を健康で気持ちよく過ごせるように環境を整えましょう。

初めての運動会！

練習を始めた頃は、座り込んだり、立ち止まったりする姿が見られますが、練習を重ねるにつれて笑顔でゴールできるようになっていきます。

本番当日は、大好きな保護者がいることで泣く子がいるものの、遊びのなかでかけっこを練習していると楽しんで参加できるようになります。初めて運動会を経験する子どもや保護者が多いので、連絡事項や予想される様子などを事前に伝え、運動会が楽しみになるように声をかけましょう。

今月の保育ピックアップ

6月

子どもの活動

室内遊びの充実

雨でも十分に遊べるよう、マット遊びやリトミックなど、室内でも楽しめる体を動かす遊びを用意します。また、かたつむりやあじさいなどの自然物を実際に観察して、製作遊びにつなげるとよいでしょう。子どもが安心して身近な環境に主体的に関わり、子どもの生活全体が豊かなものになるよう努めます。

保育者の援助

手作りおもちゃ

友達と同じ物を欲しがる時期。同じ物を複数用意するとよいでしょう。透明の空き容器に、ビーズや色紙を入れたおもちゃは、目と耳で楽しめます。

6月のテーマ

梅雨の時期を健康で元気に過ごす。

子どもの活動

ビリビリの音に興味津々！

新聞紙をビリビリと破ってみると、その不思議な音に子どもたちは大喜びです。

行事

運動会

保護者といっしょに、子どもたちの成長を喜びましょう。

49

6月 月案

今月の保育のねらい

●梅雨の時期を健康で元気に過ごす。
●保育者が見守るなかで、好きな遊びを十分に楽しむ。

	子どもの姿	ねらい	子どもの 養護
Aちゃん（1歳4か月）	●手づかみ食べも多いが、スプーンやフォークを使い、こぼしながらも自分で食べようとする。 ●おまるに興味をもって座る。 ●一人遊びを十分に楽しんでいる。 	◇保育者との触れ合いを通して、安心して過ごせる。 ◆食事に興味をもち、スプーンやフォークなどを使って自分で食べようとする。 ◆簡単な手遊びをしたり、歌をうたったりすることを喜ぶ。	◇手づかみのときもあるが、保育者の援助を受けながら自分で意欲的に食べる。 ◇簡単な手遊びなどを通して、保育者とスキンシップをとる。
Bちゃん（1歳8か月）	●着脱に興味をもち、自分でしようとする。 ●友達にも興味をもち始め、おもちゃの取り合いなどでトラブルになる。 ●自分の思いをまだ言葉にすることはできないが、身ぶり手ぶりで伝えようとする。	◇衣服の着脱を、保育者に手伝ってもらいながらやってみようとする。 ◇沐浴をして、気持ちよさが感じられるようにする。 ◆好きな遊びを十分に楽しむ。 ◆さまざまな素材に触れて遊ぶ。	◇ズボンなど簡単な着脱を進んで行う。 ◇靴下や靴を自分ではこうとする。 ◇汗をかいた日は温水シャワーを浴びる。
Cちゃん（2歳）	●ズボンをはく、脱いだ服をビニール袋に入れるなど、簡単な身の回りのことを自分でする。 ●食べ物のなかで苦手な物でも、励まされながら口にするようになる。 ●自分の思いを言葉で伝えようとする。 ●ごっこ遊びを楽しんでいる。 	◇簡単な身の回りのことを、保育者に見守られながら自分でしようとする。 ◇苦手だった食べ物でも、保育者に見守られながら口にしてみようとする。 ◆友達や保育者と関わりながら、好きな遊びを楽しむ。	◇自分の持ち物を、自分で出したりしまったりする。 ◇嫌いな食べ物でも、「おいしいよ」などの言葉かけでひと口食べてみる。

今月の食育

●いろいろな食材を口にしてみようとする。また、口に入れることができたときにはその姿を十分に認める。

行事予定

●運動会　●身体測定　●避難訓練
●誕生会　●歯科検診

◇…養護面のねらいや活動内容　◆…教育面のねらいや活動内容　★…家庭との連携

活動内容 教育	援助と環境構成
◆保育者のまねをして、リズムをとったり、うたおうとしたりする。 ◆音楽に合わせて体を揺らしたり、手をたたいたりする。 ◆知っている物を指さしたり、「わんわん」などの簡単な単語を話したりする。 	●食事面では、自分で食べようとする気持ちを受け止めながらも、上手にすくえないときなどは必要に応じて援助する。 ●歩行が安定して活動範囲も広がってくるので、けがをしないよう環境を整える。また、保育者間で連携をとりながら遊びを見守る。 ●言葉が出てきたときは、ゆっくり、ていねいに語りかけ、言葉の獲得を促す。 ★暑くなり、汗をかくので、着替えを多めに準備してもらうよう、保護者に伝える（A・B・Cちゃん共通）。
◆自分の好きなおもちゃを見つけて、遊びを十分に楽しむ。 ◆絵の具で指スタンプをしたり、クレヨンでなぐり描きをしたりして、感触を楽しみながら遊ぶ。 	●室内の温度、湿度を調整しながら快適に過ごせるよう配慮する。 ●着脱の際、少しでもできたときにはその姿を十分に認め、意欲につながるような言葉かけを行う。 ●子どもの好きな遊びを把握し、雨の日でも十分に遊びを楽しめるようおもちゃを多めに用意しておく。 ●自分の思いを身ぶり手ぶりで伝えてくるので、その気持ちをくみ取りながら、子どもの気持ちを十分に受け止め、安心して過ごせるようにする。
◆ままごとなどで、友達や保育者とのやりとりを楽しむ。 ◆友達といっしょにブロックや積み木を重ねたりしながら遊ぶ。 ◆簡単な言葉で自分の思いを伝えようとする。 	●戸外に出るときは必ず帽子をかぶり、日ざしに気をつける。 ●苦手な物を少しでも食べたときは十分にほめ、なんでも食べてみようという意欲がもてるようにする。 ●タイミングよく排尿できたときは、「出たね」と声をかけ、トイレトレーニングを進めていく。 ●友達と遊ぶなかでうまく自分の思いを伝えることができないときは、保育者が仲介して、伝え合えるよう援助する。

保育資料

【戸外遊び】
固定遊具、砂場、シャボン玉
【室内遊び】
ブロック、絵本、新聞紙、風船、マグネット遊び
【運動遊び】
散歩、マット遊び、巧技台
【表現・造形遊び】
リトミック、あじさいとかえる（タンポでスタンプ）
【絵本】
・もこもこもこ　・のせてのせて

職員間の連携

●汚れたときの着替え、シャワーのときの役割分担や手順を確認し合う。
●雨の日が多くなるので、室内でも楽しく遊べるよう話し合う。
●体調を崩しやすい時期なので、子どもの体調を保育者全員が把握できるよう声をかけ合う。

自己評価の視点

子どもの育ちをとらえる視点

●保育者との関わりを通して、好きな遊びを十分に楽しめたか。
●戸外でも室内でも楽しく過ごせたか。

自らの保育を振り返る視点

●梅雨時期の子どもの体調の変化について、保護者と連絡を取り合えたか。
●子ども同士のトラブルを少しでも減らせるように、遊びを工夫したり、環境を整えたりすることができたか。

月案 ……………… p54

週日案・
保育の展開 ……… p60

子どもの姿と保育のポイント

活発になるクラス活動

　進級児と新入児の生活リズムが整い、クラス活動が活発になっていきます。自分のマークを覚え、ロッカーや靴箱などの場所がわかり、身の回りのことを自分でしようと積極的になります。また、トイレに行く習慣がつき、パンツの着脱など簡単なことを保育者といっしょにしようとします。自分でやりたい気持ちを大切にし、できた喜びをともに味わって、次の活動に意欲的に取り組めるよう配慮しましょう。

　保育者の「外に行くよ」などの声かけで、自主的に次の行動を予測して靴を履こうとするなど、活動にも意欲的に参加する姿が見られます。4月にはまだ歩行が確立していなかった子も、少し歩けるようになって、全員で散歩を楽しめます。ただし、歩く距離には個人差があるので、散歩車を活用します。

　言葉が出始め、クラスがにぎやかになります。特に保育者の言葉をおうむ返しして、言葉を発することを楽しむので、ていねいな言葉遣いで優しくはっきり言うよう気をつけましょう。

パンツへ移行するチャンス！

　トイレに行く習慣がついてくること（嫌がらずスムーズに行く）、着替えが身軽になってくること（半ズボン）、午睡もよく眠れるようになってくることから、パンツを履くのにちょうどいい時期です。午睡から起きてすぐはおむつがぬれていない子もいます。

　保護者にパンツの準備と、失敗があれば洗濯物が増えること、着替えを多めに持たせてもらうことを事前に伝え、いっしょにパンツへの移行に取り組みましょう。

水遊びを始める前に

　家庭での準備物やプールカードの記入（朝食・便・検温）などについて、プリントで詳細に保護者に伝えます。プリントには、プールカードに記入漏れがある場合や水着を忘れた場合の園の対応、水遊び不可の症状（とびひ・水いぼ・下痢）などを細かく記載し、園と保護者がしっかり情報を共有できるようにします。

今月の保育ピックアップ

子どもの活動

夏にしかできない遊びを！

プール遊びやボディペインティングに泥遊び…。夏にしかできない遊びを十分に楽しみます。水遊びは重大事故が発生しやすいことを踏まえ、子どもの主体的な活動を大切にしながら環境の配慮や指導の工夫を行います。

保育者の援助

プールの前後は清潔に！

プールに入る前は、子どものお尻をよく洗います。プールのあとも、シャワーで体を流し、清潔を保ちましょう。

7月のテーマ

保育者といっしょに
水・砂・泥に
触れて
感触を楽しむ。

環境構成

プール遊びの安全のポイント

プール遊びでは、安全対策が重要です。気温・水温・水量をチェックし、紫外線の対策をします。また、プールの周りに滑らない工夫をしましょう。

保育者の援助

簡単手作りおもちゃで水遊び

ペットボトルやホース、スポンジなどで、水遊びに使えるおもちゃを作ってみましょう。

7月

7月 **月案**

今月の保育のねらい

●保育者といっしょに水、砂、泥に触れて、感触を楽しむ。
●一人ひとりの健康状態を把握しながら、夏を快適に過ごせるようにする。

	子どもの姿	ねらい	子どもの 養護
Aちゃん（1歳5か月）	●指さしや片言で自分の要求や思いを保育者に伝えようとする。 ●水遊びを楽しむ。	◇安心できる保育者の見守りのなかで、一人遊びを楽しむ（A・B・Cちゃん共通）。 ◆保育者や友達といっしょに夏の遊びを十分に楽しむ。	◇保育者と十分なスキンシップをとりながら、安定して過ごす。 ◇トイレに興味をもち、便座に座ってみる。
Bちゃん（1歳9か月）	●自分の物がわかり、パンツやズボンをはこうとする。 ●自分の思いどおりにならないと、泣いて訴える。 ●顔に水がかかるのが苦手で、静かに遊ぶことを好む。	◆好きな遊びを見つけて楽しむ。 ◆言葉に興味が出てきて、主張や発語が活発になり、やりとりを楽しむ。	◇したいことやできることが増え、活動の幅が広がる。 ◇食事前に適切に水分補給をし、自分から食べようとする。
Cちゃん（2歳1か月）	●トイレで排尿できることが増え、午前中はパンツで過ごすようになる。 ●スプーンやフォークを使って、1人で食べる。 ●他の友達が持っているおもちゃなどを欲しがり、物の取り合いが増えてきている。	◇自分でしたいという意欲をもって、生活習慣を少しずつ身につける。 ◆友達と関わって遊ぶ楽しさを味わう。	◇保育者といっしょにトイレに行き、タイミングが合えば排泄できる。 ◇手を洗ったり、食事の前後に自分で口を拭いたりして、きれいになる気持ちよさを味わう。 ◇涼しい場所で気持ちよく休息をとったり、午睡したりする。

今月の食育

- ●涼しい環境を整え、ゆったりした雰囲気のなかで食事ができるようにする。
- ●食べようとする意欲を大切にしながら、スプーンやフォークの持ち方をていねいに知らせる。

行事予定

- ●七夕誕生会　●プール開き
- ●おたのしみ会　●身体測定　●避難訓練
- ●夏祭り（PTA主催）

◇…養護面のねらいや活動内容　◆…教育面のねらいや活動内容　★…家庭との連携

活動内容 教育	援助と環境構成
◆気に入った遊具を手にして遊んだり、いろいろな素材の遊具で遊んだりする。 ◆保育者や友達といっしょに、水や泥などに触れる。	●ゆったりとした雰囲気のなかで、スキンシップを十分にとる。 ●一人ひとりのしぐさや発語をていねいに受け止めて言葉に置き換えることで、自分の思いが伝わる喜びが感じられるようにする。 ★水遊びに必要な準備物を伝え、参加の有無をプールカードに記入してもらう（A・B・Cちゃん共通）。 ★汗をかく時期なので、着脱しやすい衣服を多めに用意してもらう（A・B・Cちゃん共通）。
◆友達や周囲の人へ興味や関心をもち、いっしょに過ごすことの喜びを味わう。 ◆歌に合わせて体を揺らしたり、リズムをとったりする。 	●身の回りのことを自分でしようとする気持ちを大切にし、さりげなく援助することで、自分で行う楽しさが味わえるようにする。 ●食事前に水分補給をし、適切な温度と湿度のなかで食事ができるようにする。 ●保育者が水遊びを楽しむ姿を見せたり、プールのそばで水に触れて遊んだり、繰り返しのなかで楽しめるようにする。
◆友達に関心をもって関わろうとする。 ◆言葉でのコミュニケーションを楽しむ。 	●保育者といっしょに水や泥に触れて遊ぶなかで、素材の感触や心地よさを伝える。 ●ゆったりと遊ぶ環境を整えておもちゃを多めに用意し、一人ひとりが満足できるようにする。 ●保育者と関わるなかで言葉のやりとりが楽しめるように、気持ちを言葉に置き換えていく。

保育資料

【戸外遊び】
固定遊具、砂場、ボール
【室内遊び】
ブロック、絵本、ままごと、小麦粉粘土、新聞紙
【水遊び】
プール、色水、泥
【表現・造形遊び】
ひまわり（フィンガーペインティング）、七夕飾り
【絵本】
・おひさまあはは　　・おててがでたよ

職員間の連携

- ●健康観察で気づいたことや保護者からの連絡事項を確実に伝え合う。
- ●水遊びの手順を確認しながら、安全に楽しく遊べるようにする。
- ●水分補給の時間や扇風機の風向き、エアコンの設定温度を職員間で確認する。

自己評価の視点

子どもの育ちをとらえる視点

- ●パンツやズボンを自分ではこうとし、自分で行う楽しさが味わえていたか。
- ●個人差に配慮した環境設定や関わりのなかで水遊びが楽しめていたか。

自らの保育を振り返る視点

- ●一人ひとりの健康状態を把握し、保護者と保育者とで連携がとれたか。
- ●子どもの欲求を満たし、ゆったり関わったか。
- ●季節の歌を選んだり、体を動かす遊びを設定したりして環境を工夫したか。

7月

月案 ……………… p58

週日案・
保育の展開 ……… p60

子どもの姿と保育のポイント

ダイナミックになる水遊び

水遊びに慣れ、遊びが展開するなかで、シャワーなどで水を頭からかけたり、プール内に寝そべったりと遊びの幅が広がってきます。個人差も出てきますので、段階に合わせてプールを2つ準備すると、子どもの段階に合わせて、遊びが楽しめます。

また、水に慣れてきたときこそ、けがや事故が起こりやすくなります。保育者間で声をかけ合い、子どもたちから目を離さずにしっかりと見守りましょう。

休養を十分に

水遊びは全身運動ですので、意外に疲れます。プール遊びのあとは、静かにゆっくり過ごす時間をとりたいものです。また、午睡のときに今までよりよく眠るようになるので、少し長めに午睡の時間をとるなどの配慮を行いましょう。

体調の変化・水分補給に気を配る

暑さが続くなか、体力を消耗しやすいプール遊びを行うので、体調が急変する可能性があります。体温・顔色・食欲など、体調をチェックするポイントを押さえて、常に気をつけていきましょう。もう1つ気をつけたいのが、保育室の室温。体温調整が上手ではない子どもたちにとって、冷えすぎることがないように配慮が必要です。また、水分補給はこまめに行います。水分補給の時間を決めておけば、担当（保育者）が代わっても安心です。

祭りなど夏のイベントに出かける機会も増えます。家庭と連携して子ども一人ひとりの体調を把握しておくことが大切です。虫刺され・水いぼなどの皮膚トラブルも増えます。毎日の送迎の機会を生かして、保護者との信頼関係を築きましょう。信頼関係を築くには子どもの様子をしっかり把握しておくことです。そうすることで、体調不良や皮膚疾患などが疑われるときに、受診をスムーズに勧められます。

今月の保育ピックアップ

保育者の援助

食欲の低下

暑さのために食欲が低下することがあります。保育者が言葉かけして、楽しい雰囲気のなかで食事ができるようにしていきましょう。例えば、5歳児が育てているプチトマトなどの夏野菜を見たり触れたりすると親しみが湧きますね。「年長さんが作ったトマトだよ」「真っ赤になったね」など、食べ物への興味や関心がもてるような言葉かけをしていきます。

保育者の援助

衛生管理の意識を高く

栄養士を中心として、職員全員で衛生管理を意識します。配膳する保育者が、きれいに手を洗うことは基本です！

8月のテーマ

体調を崩す
ことなく
元気に過ごす。

保育者の援助

水分補給と休息を！

この時期は、特に水分補給と休息を十分に行うよう配慮します。

これもおさえたい！

手洗いの習慣を身につけるチャンス！

衛生面に気をつけたい8月。食事前や戸外遊び後の手洗いが習慣づくよう伝えていきましょう。1歳児は袖をめくるのが難しいこともあります。半袖の時期に積極的に取り組みたいですね。

8月

今月の保育のねらい

●友達や保育者といっしょに夏の遊びを楽しむ。
●一人でできることが増えていく喜びを感じる。
●体調を崩すことなく、元気に過ごす。

	子どもの姿	ねらい	子どもの 養護
Aちゃん（1歳6か月）	●小走りのように速く歩いて、追いかけっこを楽しむ。 ●生活の流れに添った保育者の言葉に反応して、少しずつ行動できるようになる。 	◇安心して眠れるようにする。 ◆保育者といっしょにうたったり、体を動かしたりして遊ぶ。 ◆泥や水でといた絵の具で着色した小麦粉などで感触遊びを楽しむ。	◇十分な睡眠と休息をとり、こまめに水分補給を行う。 ◇体調の変化に十分配慮する。 ◇ゆったりとした雰囲気のなかで、その日の体調に合った量の食事をする。
Bちゃん（1歳10か月）	●プール遊びでは、うれしそうな笑い声をあげながら遊び、顔や頭に水がかかっても泣くことは少ない。 	◆安心できる保育者の見守りのなかで、友達に関心をもつようになる。 ◆絵本やおもちゃなどに興味をもち、それらを使っての遊びを楽しむ。	◇トレーニングパンツをはいたり、おまるに座ったりしてトイレトレーニングを行う。 ◇自分で衣服の着脱をしたり、チャレンジしたりしてみる。 
Cちゃん（2歳2か月）	●午前中はパンツで過ごす。タイミングが合い、おまるに座って排泄できる日が多くなってきた。 ●他児を押す、かむ、ひっかくなどの行為が目立つ。繰り返し「してはいけないこと」や「痛いこと」を伝えているものの、なかなかやまない。	◇保育者の優しい言葉かけで、衣服の着脱に興味をもつようにする。 ◆言葉でうまく表現できない気持ちを受け止めてもらいながら、好きなおもちゃで夢中になって遊ぶ。 ◆いろいろな水遊びを十分に楽しむ。	◇冷えすぎないように室温の調節や除湿などに気を配り、心地よく過ごせるようにする。 ◇生活の流れが少しずつわかり、切り替えができるように、様子を見て言葉をかける。

今月の食育

- さまざまな食品に慣れ、楽しい雰囲気のなかで食べることができるようにする。
- 夏野菜の提供の仕方を栄養士とも話し合い、食べやすい調理法で食べることができるようにする。

◇…養護面のねらいや活動内容　◆…教育面のねらいや活動内容　★…家庭との連携

活動内容 教育	援助と環境構成
◆さまざまな容器を使って、水遊びを楽しむ（ペットボトルシャワー、ペットボトル金魚すくい）。 ◆手作りおもちゃを使って室内で静かな遊びも楽しむ（A・B・Cちゃん共通）。 	●途中で目覚めた子どもには、そばについて優しく背中をさするなど、安心して眠れるようにする。 ●水遊び場の周囲には滑り止めのマットや人工芝を敷いたりして、危険のないように配慮する。 ●汗疹や虫刺されからとびひになることもあるので、皮膚を清潔にするとともに、虫よけ対策を十分にする。 ★盆休みの生活リズムや注意事項などを盛り込んだ「お便り」を渡し、子どもにとって無理のない過ごし方を伝える（A・B・Cちゃん共通）。
◆言葉のやりとりを楽しみながら、感触遊びを楽しむ。 ◆見立て遊びを保育者といっしょに楽しむ。 ◆プール遊びでもプリンカップなどを使い、見立て遊びに夢中になる。 	●食事のときには、担当保育者がそばにつき、優しく言葉をかけたり、食べ物の量や大きさを加減したりして食べやすいようにしていく。 ★家での食事の様子や過ごし方などを、家庭との連携を密にして把握しておく。
◆友達との関わりをもち、いっしょに過ごすことを楽しむ。 ◆水遊びや泥んこ遊びなどの夏の遊びを存分に楽しむ。 	●友達間のトラブルでは、子どもの気持ちを受け止めながら思いを代弁したり、気分転換をしたり、保育者がいっしょに遊んで仲立ちをしたりしていく。 ●トイレに誘い、出たときは「すっきりしたね」と、気持ちよさに気づけるようにする。 ●あたたかく見守りながら、「上手にできたね」などと自信をもてるような言葉をかけ、自分でしようとする気持ちを大切にする。 ★パンツへの移行に伴い、排泄の自立が個々のペースに合わせて根気強く進めていけるようにする。

行事予定

●身体測定　●誕生会　●避難訓練

保育資料

【戸外遊び】
固定遊具、砂場、ボール
【室内遊び】
ブロック、布のおもちゃ、絵本、ままごと
【水遊び】
プール、色水、泥、シャボン玉、水風船
【表現・造形遊び】
リトミック、さかな（はじき絵）
【絵本】
・こぐまちゃんおはよう　・わにわにのおふろ

職員間の連携

- 保育の進め方や役割分担について話し合う。
- 慣れによる危険性や活動時間帯、内容についての再確認を話し合う。
- 子ども同士のトラブルやかみつきなどの原因を見直し、共通理解しながら保育を進める。

自己評価の視点

子どもの育ちをとらえる視点

- かみつきやひっかきなどの行動をする子が、気持ちを十分に受け止めてもらいながら保育者と安心して遊ぶことができたか。
- 夏の遊びを十分に楽しめたか。

自らの保育を振り返る視点

- 自らの体調管理をきちんとし、全力で保育にあたることができたか。
- 夏の遊びを満喫できる環境づくりに努めたか。
- プール遊びができない子どもたちの遊びのコーナーの充実が図れたか。

 6・7・8月 週日案

6月第2週

ねらい	●雨の日でも室内で思い切り体を動かして遊びを存分に楽しむ。 ●運動会に楽しく参加する。	先週の様子	●下痢が続いている子どもがいたが、だいぶ落ち着き体調も戻りつつある。 ●運動会のかけっこ練習では笛の合図も待てるようになってきた。

		主な活動	準備	環境および援助のポイント	子どもの様子・反省・評価
8日(月)〜13日(土)	8日(月)	●戸外遊び ●室内遊び	●戸外おもちゃ ●室内おもちゃ ●手作りおもちゃ ●スプーン ●玉　●磁石	●梅雨時期の室内での遊びを工夫し、ホールを活用して、全身を使った遊びができるよう環境を整える。 ●5歳児が育てているトマトなどを観察し、旬の食材を身近に感じられるようにする。 ●排尿間隔を把握し、タイミングよくトイレに誘い、できたときは十分ほめて次の意欲へとつなげていく。 ●子どもの興味に合わせて手作りおもちゃなどを用意していく。 ●保育者がていねいな言葉を遣い、豊かな言葉を育むように心がける。 ●運動会当日は、いつもと違う雰囲気のなかで不安になったり、泣き出したりする子どもがいるので、保育者がそばにつき、落ち着いて参加できるように声をかけていく。	ブロック遊びや手作りおもちゃで遊ぶ。スプーンで玉をすくう遊びは、集中して行っていた。磁石遊びも何個もつなげて遊んでいて、指先の刺激になりよかった。
	9日(火)		●新聞紙		新聞紙遊びを行う。新聞紙を布団にしたり、頭にかぶってみたり、保育者といっしょに見立て遊びをしたりして楽しんだ。前回とは違う遊び方も見られ、遊びの幅が広がってきた。
	10日(水)				戸外遊びを行う。前日の雨で砂場が少しぬれていたので、砂の感触を楽しんだり、砂でお団子を作ったりして遊ぶ姿が見られた。
	11日(木)	●運動会練習	●笛 ●トンネル ●タンバリン		ホールでかけっこと親子競技の練習を行う。練習を重ねるにつれ、順番を待つことができるようになったり、笛の合図でスタートしたりできるようになってきた。
	12日(金)		●シャボン玉		戸外遊びを行う。保育者がシャボン玉をするとシャボン玉を追いかけたりジャンプをしたりして楽しむ姿が見られた。気温も湿度も高く、水分補給をこまめに行った。
	13日(土)	●運動会	●運動会準備物		受け入れ時は思っていたほど泣くこともなく落ち着いていた。かけっこでは保護者がゴールにいることで泣く子どももいたが、最後までがんばる姿が見られた。
週の反省					運動会は2名欠席した。かけっこや親子競技では途中で泣く子どももいたが、親子で楽しく参加することができたように思う。朝夕の気温差もあり、体調を崩す子もいるので、個々の体調管理には気をつけていきたい。雨の日が多く、室内での遊びが多いので、好きな遊びに集中できるように活動内容も工夫していきたい。

8月 第3週

ねらい	●友達や保育者といっしょに夏の遊びを楽しむ。

先週の様子	●水遊びや外遊びを楽しんでいた。 ●散歩では、誘導ロープを上手に持って歩くことができていた。 ●動きが活発になり、机や椅子に乗ろうとしたり、動き回ったりする子どもが目立つようになってきた。

6・7・8月 週日案

		主な活動	準備	環境および援助のポイント	子どもの様子・反省・評価
10日（月）〜15日（土）	10日（月）	●戸外遊び（プール遊び） ●室内遊び	●戸外おもちゃ （プール遊び用おもちゃ） ●室内おもちゃ	●エアコンなどを上手に使い、室温や湿度を調整し、ぐっすりと眠れる環境をつくる。 ●こまめに汗を拭き取ったり、シャワーで汗を流したりするなど肌を清潔に保ち、快適に過ごせるようにしていく。 ●プール遊びでは水量、水温や遊ぶ時間に留意するとともに安全に遊べるようにする。 ●苦手な食べ物は食べやすい大きさにしたり、量を加減したりして、完食できるように配慮する。 ●トイレで排尿できたときはほめ、次の意欲へとつなげていくようにする。 ●お盆の保育ではゆったりと一人ひとりと関わりながら、異年齢児との交流を楽しめるように整える。	プール遊びをする。多くの子どもが水を怖がることなく楽しんで遊んでいた。水分補給もしっかりと行えている。夏ならではの遊びを準備し、提供していきたい。
	11日（火）				プールではカップやじょうろを上手に使って楽しんでいた。体調不良などでプール遊びができない子どもたちは、砂場で泥んこ遊びを楽しむことができた。
	12日（水）	●身体測定	●身長計 ●体重計 ●記録用紙		身体測定では自分で着脱できる子どもが多い。身体測定後、段ボール遊びをすると、途中からバスごっこが始まった。バスの歌をうたうと盛り上がり、楽しんで遊んでいた。
	13日（木）	お盆保育	●保護者手作り弁当		11名が出席。園内を散歩したり、ホールでボール遊びを行ったりする。人数が少なかったので一人ひとりと関わる時間が多くとれ、ゆったりと過ごすことができた。
	14日（金）				出席者なし
	15日（土）				異年齢児交流での保育となる。少人数でゆったりと過ごすことができた。3〜5歳児が0〜2歳児の世話をしたり、いつもとは違う雰囲気を楽しむことができた。

週の反省	自己主張が強くなってきて、思いどおりにならずに泣いたり、すねたり、手が出てしまったりする姿が見られるようになってきた。子どもたちの成長過程であることも理解したうえで、子どもの気持ちをくみ取り、代弁しながら「たたいたら嫌だよ」などと伝えていくようにする。

健康・安全

夏の遊びに欠かせない！
健康管理と安全への配慮

プールや水遊びなど、この季節ならではの遊びができる夏。楽しく過ごすためにも、子どもたちの健康や安全を確保し、さまざまなチェックを行っていきます。

こまめな体調管理

　1歳児の体調は急に変化しやすいもの。こまめな体調管理が欠かせません。また、水遊びが始まる前の時期に、感染症などが完治できるよう、保護者にも伝えたいですね。
<体調管理の例>
・体温を測る（受け入れ時、プール前、午後）。
・散歩や外遊びの時間をいつもよりも短くする。
・時間を決めて水分補給を行う。
・汗を拭く（着替えの回数を増やす）。
・空調を管理する（冷えすぎないように、午睡時は、寝入ったら室温を上げる）。
・午睡チェック表に記入する。
・顔色や表情の変化を見逃さない。

●チェックポイント

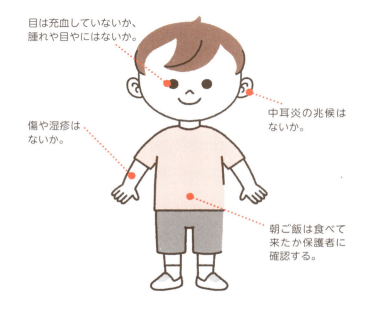

目は充血していないか、腫れや目やにはないか。

中耳炎の兆候はないか。

傷や湿疹はないか。

朝ご飯は食べて来たか保護者に確認する。

水遊びは、安全に楽しく！

　水遊びが好きな子・苦手な子がいます。苦手な子には無理強いせずに、洗面器や水遊び用のおもちゃなどで保育者といっしょに遊んで、不安を取り除いていきます。楽しんでいても、長時間の水遊びは疲れるので、長くても30分で切り上げましょう。
　水遊びでは、安全への配慮が欠かせません。少量の水位でも危ない場合があるので、決して目を離してはなりません。水温が低すぎないよう注意し、プールまでの移動中の安全確保もしっかりと行います（滑らないか、地面が熱くないか）。また、遊ぶ前にシャワーで清潔にしたり、日焼け止めや帽子で紫外線への配慮をしたりする必要もあります。

体調チェックカードへの記入

　毎朝の体調を家庭でもチェックしてもらい、プールに入れるかどうかを○か×で記入し、押印してもらうとよいでしょう（日付、朝の体温、可か否か、押印、備考欄を設ける）。子どもたちの体調管理につながります。

活動と休息のバランスをとって夏も元気に！

長時間を園で過ごす子どもたちにとって、活動と休息のバランスをとることは、とても大切なことです。夏は、特にどのような配慮が必要かを確認しましょう。

夏の活動

夏の暑い日には、水筒を持参してもらう他、外に出る時間を調整します。外に出る時は、木陰やシェードを利用し、涼むのもよいでしょう。体調管理に配慮し、夏ならではの遊びをたくさん取り入れ、十分に楽しめるようにしたいですね。

<活動例>
・プール遊び
・散歩
・園庭（遊具）遊び
・虫捕り
・シャボン玉
・せっけんクリーム
・色水作り　など

シェード

休息のとり方

戸外遊びや水遊びから室内に戻ったら、できるだけゆっくり過ごすようにします。水分を摂ったあと、絵本を見たり、お話を聞いたり、ぬいぐるみやブロックで遊んだりして、座ってゆっくり遊べる雰囲気をつくります。

また、クーラーなどを利用して、過ごしやすい室温にし、食が進むように配慮しましょう。食事のあとは、いつもより少し長めに午睡時間をとり、適温でぐっすりと眠れるようにします。ですが、水遊びのあとは体が冷えているので、クーラーを切り、室温が低くなり過ぎないようにしましょう。

夏のお楽しみ会で水遊び

お楽しみ会

毎日のプール遊びとはひと味違う、異年齢児交流を兼ねた「夏のお楽しみ会」では、思い思いにプールやコーナーで遊び、かき氷を食べて楽しみます！

🌸 お楽しみ会の意義

暑い日が続くようになり、毎日の水遊びやプール遊びを楽しみにしている子どもたち。水遊びやプール遊びなどの夏の遊びをたくさん経験するなかで、自然に友達と関わることが増え、触れ合えるようにします。友達への関心が出てくる時期なので、保育者を介して、安心できる友達関係を築けるよう関わります。

また、異年齢児との触れ合いでは、おもちゃを譲ってもらうなどして、お互いに刺激を受け合うことができます。

🌸 みんなが楽しむための配慮

体調を崩して水に入れない子も楽しく過ごせるように、洋服のままでも遊べる、木陰でのコーナー遊びも充実させます。事前に保育者の役割分担を決めておきます。

活動後は、全員でかき氷を食べ、ゆったりと時間をとります。休息・午睡時間の確保にも配慮します。

🌸 1歳児も楽しめる水遊びのアイデア

① 大きな氷入りたらい

牛乳パックで作った氷を入れる。花びらが入っている氷も。

② 温泉風プール

入浴剤入りのお湯につかる。

③ 色水遊び

色水を作って遊ぶ。

④ おもちゃの魚釣り

磁石でくっつく魚を使って、魚釣り。

⑤ おもちゃの金魚すくい

器と網を持ち、バランスをとってすくう。月齢の低い子は手でつかんで器へ。

⑥ ダイナミックシャワー

穴を開けたホースをフェンスに結び、水を流す。

⑦ シャワーウォータータワー

ペットボトルの手作り水車。トラブルにならないよう、たくさん用意。

こども園
夏祭り

親子で楽しむ夏祭り

こども園特製カレーに焼きそば、ヨーヨー釣りやレンジャーショー…。PTA主催の夏祭りでは、保護者と職員が協力して盛り上げ、夏ならではの思い出をつくります。

どの年齢でも楽しめるものを

0歳児から5歳児までが楽しめる内容にします。例えば、輪投げでは、年齢によって投げる距離を変えたり、お菓子すくいでは、小さい子でもすくいやすい物を準備したりします。

親子で参加できる工夫

夏祭りのお店を利用するときは、園から配布した無料チケットを使用しますが、兄弟姉妹も楽しめるように、現金で遊べるお店も用意します。園児も買い物ができるようにバザーに子どもコーナーを設置したり、混雑を防止して親子でゆっくり食事ができるように飲食・休憩コーナーを多めに作ったりします。

また、無理なく参加できるよう、開催日程にも配慮しています。土曜日の夕方開催なら、園を休んで夕方から参加してもいいですし、仕事をしている保護者は、子どもを預け、お迎えに来てからそのまま夏祭りに参加できます。

●夏祭りのときの園内マップ

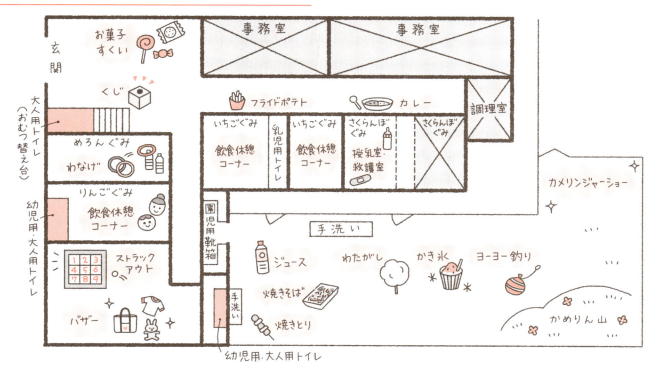

65

あたたかな魅力がいっぱい！楽しい手作りおもちゃ

手作りのおもちゃには、既製品のおもちゃにはないよさがいっぱい！　園で子どもたちに人気のおもちゃをご紹介します。

❀ 手作りおもちゃのよさ

　手作りおもちゃで、保護者や保育者から愛情を受ける喜び、物をいっしょに作りあげる喜び、新しいおもちゃを手にする喜びを感じられます。手作りおもちゃが物を大切にすることを学ぶきっかけとなって、物に対する愛着が育っていってほしいですね。さまざまな素材に触れることにより、感性を育むこともできるでしょう。

　また、作り直しができることも、手作りおもちゃのよさの1つです。

❀ 1歳児ならではの配慮

　同じ物を巡ってけんかが起きることがあります。十分な数のおもちゃを用意して、落ち着いて遊べる雰囲気づくりをしましょう。口に入れても安全な素材を選び、手のひらサイズの物、感触がよい物、ダイナミックに遊べる物などさまざまなおもちゃを用意します。

❀ 手作りおもちゃの例

●段ボール箱と牛乳パックの引っ張るおもちゃ

　1歳児は、少し重さのある物を引っ張るのが大好きです。存分に引っ張って遊べるおもちゃを作りましょう。
【材料】
段ボール箱、牛乳パック、新聞紙、ビニールロープ、色画用紙など
【作り方】
①段ボール箱にビニールロープを取り付けます。
②牛乳パックに新聞紙を詰めた物を段ボール箱に入れます。

●段ボール箱のおうち

引っ張って
遊ぶ布

マジックテープ

中が落ち着く空間を手作りします。何度も出入りして、探究心が育ちます。

【材料】
段ボール箱、マジックテープ、布、色画用紙など

【作り方】
①段ボール箱に穴を開け、窓にします。
②マジックテープや布を付けます。
③複数の段ボール箱をつなげたり、色画用紙の飾りを付けたりしても楽しいですね。

●りんりんペットボトルキャップ

指先を使って、くっつけたり外したりしてとても集中して遊べるおもちゃです。

【材料】
ペットボトルの蓋、鈴、フェルト、マジックテープ

●組み合わせて楽しもう！

段ボール箱のおうちのマジックテープに、りんりんペットボトルキャップをくっつけても楽しいです。

【作り方】

① ペットボトルのふた
2つで鈴をはさむ

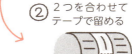
② 2つを合わせて
テープで留める

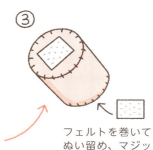
③

フェルトを巻いてぬい留め、マジックテープを付ける

ペタッ

月案 …………… p70

週日案・
保育の展開 ……… p84

子どもの姿と保育のポイント

食べることへの意欲

1歳児は「食事・排泄・睡眠」の生活リズムが整うと遊びも充実してきます。

食事に集中できるよう、1人分の食べる場所を確保し、人数に応じた食事のスペースに配慮します。また、食欲やかむ力は個人差が大きいので、食べる量・食べ物の大きさ・固さなどを個別に配慮しましょう。子どもの「食べよう」という気持ちを大切にし、いろいろな味や舌触りを感じられるよう、食品の種類をバランスよく増やし、食べる意欲を高めます。

食器や食具に興味を示し、使えるようになっていきますが、まだうまく使えないときは、手づかみになりがちです。「自分で食べた・飲んだ」ときや、固い物や嫌いな物が食べられたときなどに喜びを感じられるよう、「もぐもぐできたね」「○○を食べられたね」などと、十分に言葉かけをしましょう。

排泄のリズム

トイレで排泄できるようになっていきます。排泄間隔には個人差があります。まずはトイレに行って座るところから始め、出ない時は長い時間座るのではなく、時間をおいて誘ってみます。そばについてゆったりと接し、トイレで排泄できたら十分にほめるとよいでしょう。焦らず1人ずつ関わることが大切です。成功したときは、保護者にも伝え、家庭と共有して育ちを喜び、リズムを確立していけるようにしましょう。

安心して眠る

睡眠時間が安定し、寝不足や体調不良でなければ、13時前後から2時間くらいの午睡をするようになります。安心して眠りにつくことができるよう、保育者がそばについて優しく言葉をかけてあげましょう。うつ伏せ寝で安心して眠る子は、眠りについたら必ずあおむけにしてから午睡チェックをすることが大切です。チェック表を作成し、活用するとよいでしょう。

今月の保育ピックアップ

新要領・新指針の視点で

子どもの活動

静かにゆったり遊ぼう

安心してのんびりと遊べる小麦粉粘土などがおすすめ。柔らかい感触を楽しみます。

保育者の援助

ダンスを楽しもう！

ずっとじっとしているのではなく、ある程度体を動かすことも、疲れをとることにつながります。ダンスの曲を流すなど、文化祭に向けた雰囲気づくりをしていきます。

9月のテーマ

ゆったりと
生活のリズムを
整えながら、
夏の疲れをとる。

9月

保育者の援助

体調の変化に注意！

疲れが出やすい時期。保護者との連絡をていねいに行い、健康管理に注意しましょう。「食事・排泄・睡眠」の生活のリズムをつくるうえでも、家庭との連携は重要です。

これもおさえたい！

わくわくデー（異年齢児交流）

異年齢児といっしょに遊んだり給食を食べたりして、異年齢児との交流を図ります。1歳児にとってもよい刺激となります。

あんよ　あんよ

月案

今月の保育のねらい

●ゆったりと生活のリズムを整えながら、夏の疲れをとる。
●戸外に出て、保育者や友達といっしょに体を動かす遊びを楽しむ。

	子どもの姿	ねらい	子どもの 養護
Aちゃん（1歳7か月）	●片手でスプーンを持ちたがり、すくいながらも手づかみで食べているが、気分が乗らないと遊び始めてしまう。 ●トイレに進んで行くことができるようになり、おまるにも意欲的に座れるようになる。 ●「あった」や「いや」などの簡単な言葉を発するようになったり、保育者のことを「先生」と呼んだりしている。	◆食べる喜びや、完食する達成感を味わう。 ◆好きな遊びを見つけて、じっくり楽しむ。 ◆音楽に合わせて体を動かすことの楽しさを知る。 	◇安心できる場や人のなかで自己を存分に出してのびのびと過ごす。 ◇落ち着いた環境のなかで十分な睡眠をとり、気持ちよく目覚められるようになる。 ◇そばで保育者に援助をしてもらいながら、自分で簡単な衣服の着脱をしようとする。
Bちゃん（1歳11か月）	●タイミングを見てトイレへ誘うと、意欲的に便座に座って排泄しようとしている。 ●さまざまなものに興味を示し、指をさして名前を知ろうとする。 ●砂場での砂遊びや泥んこ遊びを好んで集中して遊び、砂や泥の感触を楽しむ姿が見られる。  かまきりさんだよ	◇身の回りのことに興味を示し、自分でしようとする。 ◆保育者や友達との関わりのなかで、自分の思いを言葉で表現しようとする。 ◆歩いたり走ったりして、体を動かして遊ぶことを楽しむ。	◇保育者に見守られながら、トイレで排泄をしようとする。 ◇日中はパンツをはいて過ごすようになる。 ◇楽しい雰囲気のなかで、意欲的によくかんでゆっくり食べられるようになる。 ◇遊びの合間に保育者とスキンシップをとることで安心して過ごす。
Cちゃん（2歳3か月）	●意欲的にズボンやパンツを脱ぎ、トイレへ行くことができるようになる。 ●言語の発達が見られるようになり、二語文で保育者や友達と話すようになる。 ●知っている歌や手遊びが聞こえてくると、喜んでうたったり踊ったりしている。	◆人や物の名前に興味をもち、保育者といっしょに言葉のやりとりを楽しむ。 ◆気の合う友達と積極的に関わって、いっしょに遊ぶことの楽しさを味わう。 ◆戸外に出て体を思い切り動かして遊ぶ。	◇自分から布団に入り、安心して眠る。 ◇暑いときや体を動かしたあとは、シャワーを浴びたり着替えをしたりすることで肌を清潔にし、気持ちよさを味わう。 ◇保育者に見守られ、必要に応じて援助を受けながら、最後までスプーンを使って食べるようになる。

今月の食育

- ●「いただきます」や「ごちそうさま」の挨拶が習慣になるよう働きかける。
- ●苦手な物も口にしてみようという気持ちがもてるよう声をかける。
- ●いろいろな食べ物を友達といっしょに食べるように楽しい雰囲気をつくる。

◇…養護面のねらいや活動内容　◆…教育面のねらいや活動内容　★…家庭との連携

活動内容　教育	援助と環境構成
◆友達との関わりや遊びのなかで、「ありがとう」や「貸して」などのやりとりが、保育者といっしょにできるようになる。 ◆好きな絵本を見たり、話に耳を傾けたり、保育者の言葉をまねたりして楽しむ。 ◆保育者に見守られながら全身を使った遊びを存分に楽しむ。	●自分でやってみようとする気持ちを大切に受け止めて、意欲を損なわないような援助を心がけ、自分でできた満足感が味わえるようにする。 ●伝えたい思いを十分に受け止め、指さしや片言で伝えてきたことを言葉にして伝えることで安心感が得られるようにする。 ●ゆったりとした雰囲気のなかで遊べるように、おもちゃの場所や数に配慮する。 ★食欲の状況や体調などを伝え合い、互いに把握し合う。
◆友達と同じ遊びをするなかで、楽しさやおもしろさをいっしょに味わえるようになる。 ◆自然物（砂や水など）に興味を示し、積極的に触れようとする。 ◆保育者のまねをしながら、音楽に合わせて体を動かすことを楽しむ。 	●トイレへ行こうとするしぐさに気づくよう心がける。 ●友達といっしょに遊ぶことの楽しさを経験できるように、保育者が仲立ちとなって、子ども同士のやりとりを援助したりする。 ●保育者が大きな動作で音楽に合わせて体を動かし、いっしょに楽しめるようにする。 ★夏の疲れが出やすい時期なので、体調について伝え合いながら生活リズムを整えていく。
◆友達や保育者との関わりのなかで自分の思いどおりにならないことがあることを知り、いろいろな思いを経験する。 ◆台風や雷、夕立などの自然現象に興味、関心をもち、保育者といっしょに驚いたり観察したりする。 ◆保育者や友達といっしょに、いろいろな動きを楽しみながら遊んだり、音楽やリズムに合わせて体を動かしたりすることを楽しむ。	●季節の変化に気づくことができるような言葉をかけ、子どもの発見やつぶやきに共感して、さらに興味、関心を広げられるようにする。 ●意欲を認めながら、ほめたり励ましたりして、最後までやり通せるようにする。 ●保育者といっしょに絵本を見ながら、内容や動作を言葉で表したり歌をうたったりして、模倣活動を楽しめるようにする。 ★トイレで排泄できたときには家庭にも知らせ、いっしょに喜ぶ。

行事予定

- ●身体測定　●誕生会　●避難訓練

9月

保育資料

【戸外遊び】
固定遊具、砂場、ままごと、追いかけっこ
【室内遊び】
ブロック、絵本、布のおもちゃ、見立て遊び
【運動遊び】
散歩
【表現・造形遊び】
リトミック、ダンス、小麦粉粘土
【絵本】
・おつきさまこんばんは　・まてまてまて

職員間の連携

- ●家庭での様子を伝え合いながら、夏の疲れが残っていないかなど、一人ひとりに合った対応をしていく。
- ●子どもの興味が広がり、動きが活発になるので、予想される危険なことについて話し合い、遊びの様子を見守っていく。
- ●子ども同士のかみつきやひっかきなどのアクシデントへの対応を話し合う。

自己評価の視点

子どもの育ちをとらえる視点

- ●身の回りのことを自分でやってみようとする気持ちをもって、最後までじっくりと取り組むことができたか。
- ●保育者と関わったり、いっしょに体を動かして遊んだりすることを喜んでいたか。

自らの保育を振り返る視点

- ●気温や天候、一人ひとりの体調に合わせて快適に過ごせるような配慮ができていたか。
- ●保育者や友達といっしょになって、体を十分に動かす遊びを楽しめるような環境づくりや関わりができていたか。

10月

月案 …………… p74

週日案・
保育の展開 ……… p84

当園では、文化祭で、共同製作などを展示する作品展とダンスやおゆうぎなどの生活発表会を同時に行っています。

子どもの姿と保育のポイント

いろいろな活動が可能に

さまざまな活動ができるようになってきます。集中して取り組める時間も次第に長くなるので、15〜20分間で、じっくり取り組める活動を用意しましょう。

子ども主体の作品展

「子どもが主体であること」で、楽しい作品展になり、また、子どもが大きく成長する機会にもなります。そのためにはテーマ選びが重要です。子どもが興味をもっていることや関心を寄せている遊びなど、子どもの心が向いている方向や子どもの育ちをしっかりと把握したうえで、テーマを決めます。素材は、空き箱やペットボトルなどの廃材や散歩で拾ってきた秋の自然物がおすすめです。

作品展では、展示物に子どもの写真を貼るなどして、保護者との鑑賞が楽しめるようにしたり、個性や魅力を引き出したりできるよう、展示のしかたも工夫しましょう。

生活発表会に向けて

生活発表会に向けた活動も行います。リズム遊び・リトミック・室内の運動遊びなどを取り入れ、体を動かす準備をします。

生活発表会の活動は、月齢の発達に応じた内容を選びます。活動中はやる気が出る言葉かけをし、最後まで参加できるように励まします。活動後は「できた！」という達成感が味わえるような言葉かけをして、子どもの気持ちに共感していきましょう。簡単な活動であっても、「今から、○○をするよ」などと言葉をかけると、活動の見通しが立てられるようになります。

一人ひとりの成長を保育者間で喜び、新鮮な情報を保護者とも共有します。このやりとりを繰り返すことで、生活発表会の本番で力を発揮できなかった場合でも、保護者と成長を喜び合えるでしょう。

今月の保育ピックアップ

行事
文化祭

子どもたちの発達や興味に沿ったテーマ・活動を選び、子ども自身が楽しめる文化祭（作品展＆生活発表会）になるよう工夫します。

子どもの活動
どんぐり拾い、楽しみだね

散歩のときに、木の実や枝・落ち葉を拾って楽しみます。木になっているどんぐりは「落ちたら拾おうね」などと声かけして楽しみに待ちます。

10月のテーマ

秋の自然に触れたり、
体を十分に
動かしたりして、
発達に合った遊びを楽しむ。

子どもの活動
ぐるぐる、てんてん

指先まで力が入るようになってくる子どもが増えます。クレヨンや水性ペンでのお絵描きに挑戦してみましょう。

これもおさえたい！
感染症の予防

感染症が増える冬に備えて、感染症予防についてクラス便りなどでお知らせします。

行事
避難訓練

消防署職員立ち会いの避難訓練。訓練終了後、本物の救急車や消防車を間近で見学します。

10月

今月の保育のねらい

●秋の自然に触れ、体を十分に動かして遊ぶ。
●簡単な身の回りのことを自分でしようとする。

	子どもの姿	ねらい	子どもの 養護
Aちゃん（1歳8か月）	●排泄_{はいせつ}ではおまるに座り、タイミングが合うときもある。 ●食べ物の好みがはっきりしてきて、嫌いな物は口にしようとしない。 ●保育者の問いかけに、「いや」など言葉で意思表示をする。 ●園の周りを散歩する（A・B・Cちゃん共通）。	◆苦手な食材でも、少しずつ口にしてみようとする。 ◆保育者に見守られながら、自分の好きな遊びを十分に楽しむ。	◇保育者の声かけで、苦手な物も一口食べてみる。 ◇うまくできないこともあるが、ズボンを自分ではこうとする。 
Bちゃん（2歳）	●靴をそろえたり、ズボンをはこうとしたりして、自分でできることに挑戦しようとする。 ●保育者のまねをして、お手伝い遊びをする。 ●指先を使った遊びが好きで、シールを上手に台紙からはがし、貼って遊ぶことを楽しむ。	◇着脱など、身の回りのことを自分でする。 ◆秋の心地よさを感じながら、戸外遊びを十分に楽しむ。 	◇自分の物がわかり、洋服をビニール袋に入れるなど、身の回りのことができるようになる。 ◇排泄面では、不快感があるとそのつど教え、トイレで成功することも少しずつ増えてくる。
Cちゃん（2歳4か月）	●スプーンを上手に使い、こぼさずに食べるようになる。 ●ズボンがスムーズにはけるようになり、上着も自分で着ようとするが、まだうまく着ることができないこともある。 ●体を動かすことが好きで、リトミックやダンスを喜んでする。	◇身の回りのことに意欲的に取り組む。 ◆友達や保育者とのやりとりを楽しみながら、いろいろな遊びを十分に楽しむ。 	◇食事のあと、自分で口を拭いたり手を拭いたりして、快さを感じる。 ◇着脱をほぼ自分でするようになる。 

今月の食育

● 楽しく食事をするなかでも、足をそろえるなど簡単なマナーを確認していく。
● 秋ならではの食材を伝え、食べ物にも興味をもち、「おいしいね」などと声をかけながら、楽しい雰囲気のなかで食事ができるよう関わっていく。

◇…養護面のねらいや活動内容　◆…教育面のねらいや活動内容　★…家庭との連携

活動内容 教育	援助と環境構成
◆朝の歌や季節の歌などを覚え、うたうことができる。 ◆お絵描きなど、クレヨンを使って、自分の好きなように表現する。 ◆足どりもしっかりしてきたので、散歩では距離を延ばしながら自然にも興味をもって楽しむ。 ◆散歩では、公園などにも出かけ、簡単な交通ルールやマナーなどを知る。	●食事面では、苦手な物を少しでも口にできたときは十分にほめ、楽しい食事ができるようにする。 ●散歩に出かけるときは、その子の体調に合わせて距離や場所を選ぶ。 ●自分の思いを言葉にできないときには、保育者が思いをくみ取り、その子の気持ちを受け止める。 ★朝夕の気温の差が出てくるので、衣服の調整がしやすいように準備をしてもらう。
◆散歩に出かけて秋の自然物に興味をもち、触ったり、楽しんだりする。 ◆絵本などを通して、いろいろな言葉を覚える。 ◆友達との関わりのなかで、自分の思いどおりにならないこともあり、ひっかいたりかみついたりする。 ◆自分の経験したことを表現して遊ぶ。 	●日中はまだ暑いので、薄着を心がけ、戸外遊びが楽しく行えるよう、衣服の調整を行っていく。 ●自分でしたい気持ちを大切にし、できないところは援助しながらもできたときには十分にほめ、自信へとつなげていく。 ●「これなに?」など、言葉を覚えようとしているときは、ゆっくりていねいに伝えていく。 ★着脱を自分でしようとしていることを保護者にも伝え、体に合った衣服、着脱しやすい衣服を準備してもらう（B・Cちゃん共通）。
◆秋の自然物の名前を覚えたり、「きれいね」などと思ったことを言葉で表現したりする。 ◆友達と関わるなかで、自分の思いだけではなく、相手の気持ちも知りながら遊ぶ。	●いろいろな物に興味をもつので、そのつど思いを受け止め、受け答えをていねいに行って興味が広がるようにする。 ●意思もしっかりしてきて、思いどおりにならないときもあるが、保育者が仲介し、相手の思いも受け止められるような援助をする。 ●気持ちのよい季節となるので、保育者も戸外では追いかけっこなどをして体を十分に動かし、楽しめるようにする。

行事予定

● 文化祭※　● 身体測定　● 避難訓練
● 誕生会　● 内科健診

※文化祭…作品展や生活発表会を行う。

保育資料

【戸外遊び】
固定遊具、砂場
【室内遊び】
ままごと、絵本、ブロック
【運動遊び】
散歩
【表現・造形遊び】
リトミック、リズム遊び、共同製作（大きな木）、ジャッコランタン（のりを使用）
【絵本】
・どうぶつのおやこ
・さよならさんかくまたきてしかく

職員間の連携

● 日中は汗ばむこともあるので薄着を心がけ、子どもが快適に過ごせるよう職員間で話し合う。また、保護者にも伝えていけるようにする。
● 散歩や戸外に出たときの注意事項や保育者の配慮などを、再度確認し合う。
● 文化祭に楽しく参加できるよう、注意事項、手順などを確認し合う。

自己評価の視点

子どもの育ちをとらえる視点

● 散歩や戸外遊びを通して秋の自然に興味をもち、遊ぶことができたか。
● 自分の思いを言葉で表現したり、友達の思いを受け止めたりしようとしたか。

自らの保育を振り返る視点

● 秋の自然を感じられるような保育や環境を設定することができたか。
● 子どもの思いを受け止め、安心して過ごせるような関わりができたか。

10月

月案 …………… p78

週日案・
保育の展開 ……… p84

子どもの姿と保育のポイント

自分でできたよ！

　少しずつ肌寒くなってくる時期です。着替えの衣服が多くなってきますが、手指が発達していくことで、自分でしようという意欲が高まり、「自分で！」「できる！」とがんばろうとする姿がよく見られます。他の子を待たせていると、つい手を出したくなりますが、「自分でやりたい」という気持ちを受け止めながら、できない部分をさりげなく援助していきましょう。また、着脱がスムーズにでき自信につながるように、ボタンが大きめの服、伸縮性のある生地の服などを準備してもらうよう保護者にお願いしてもよいでしょう。

子どもが「できた！」と伝えてきたときは、「上手にできたね、がんばったね」など、できたことをいっしょに喜ぶことが次への意欲につながります。

あとすこし

お友達、なにしているのかな？

　この頃になると、自我が育ってわがままや所有欲が出てきます。また、友達と関わろうとする気持ちが育ち、自分から積極的にコミュニケーションをとろうとし始めます。このため、同じ場所でブロックを持って遊んでいると、「貸して」と友達にうまく言えずに取ってしまい、取られた子が激しく泣いて抵抗してしまうことも…。そういったときは保育者が仲立ちし、人との関わり方をたくさん経験できるよう配慮します。

＜おもちゃを取った子への配慮＞

　「○○ちゃんが泣いてるよ」「いきなり取ったらびっくりするよ」「いっしょに『貸して』って言おうか」などと、貸して欲しいときの言葉の使い方を経験できるようにしましょう。

＜おもちゃを取られた子への配慮＞

　「これが終わったら、○○ちゃんに貸してあげようね」など、本人の気持ちも大切にしながら、譲ることを経験できるようにしましょう。

今月の保育ピックアップ

保育者の援助

子どもに伝わる伝え方に配慮を

「帽子をかぶってお外に行こう」と伝えたとき、「帽子」の部分だけを認識し、「いやだいやだ」と言う場合があります。「お外に行こう」「帽子をかぶろう」と1つずつ伝えると、理解できる場合があります。「○○したら□□しよう」など、見通しをもたせる言い方はまだ理解できない子もいます。個々の子どもの発達を理解したうえで、「伝わる伝え方」に配慮しましょう。

お外にいこう！

帽子をかぶろう

11月のテーマ

保育者や友達との関わりのなかで、言葉で表現することの楽しさを味わう。

子どもの活動

友達との関わり

友達と同じことをして楽しんだり、手をつないだりと、友達との関わりが深まってきます。いっしょに遊んで、楽しい経験を積み重ねられるよう、友達とのやりとりができる遊びを提供してあげましょう。

保育者の援助

欲求を言葉で伝えられるように

保育者の言葉を聞いて自分でも思ったことや欲求を伝えようとします。子どものして欲しいことがわかったら「絵本がいいの？」など、言葉に置き換えてあげましょう。保育者が正しい言葉遣いをすることが大事です。

絵本がいいの？

えほん

77

今月の保育のねらい

- 自然物に触れたり、戸外遊びや散歩をしたりすることを喜ぶ。
- 保育者や友達との関わりのなかで、言葉で表現することの楽しさを味わう。

	子どもの姿	ねらい	子どもの 養護
Aちゃん（1歳9か月）	●保育者に励まされながら、苦手な物でも口にしてみようとする。 ●自分から進んでトイレに行き、トイレで排泄できるときもある。 ●戸外へ行くことがわかると、自分で準備しようとしたり、意欲的な面が見られる。	◇簡単な身の回りのことを自分でしようとする。 ◆少しずついろいろな食材を口にできるようになり、ほめられることで自信をもつ。	◇衣服の着脱で難しいところは、保育者に手伝ってもらいながら自分でしようとする。 ◇戸外に出る準備がわかり、靴下や靴をはいたり、帽子、上着を自分で着ようとしたりする。
Bちゃん（2歳1か月）	●友達が食事や着替えなどを手伝ってもらっているのを見て、自分も手伝ってもらおうとする。 ●友達や保育者といっしょに、体を動かして遊ぶことを喜ぶ。 ●思いや要求を言葉で伝えようとする。	◆保育者と言葉でやりとりすることを楽しむ。 ◆好きな絵本を繰り返し読んでもらうことを喜ぶ。	◇活動の節目にトイレに行って排泄する。 ◇午前中に全身を使って活動することで、十分に午睡ができる。
Cちゃん（2歳5か月）	●遊びに夢中になっていたり、寒かったりして、トイレへ行こうとしないことがある。 ●給食を楽しみに待ち、スプーンやフォークで上手に食べる。 ●「貸して」「いいよ」など、友達とのやりとりができるようになる。	◆食べ物はよくかんで、いろいろな物を食べる。 ◆友達や保育者との関わりのなかで、言葉のやりとりを楽しむ。	◇給食を楽しい雰囲気のなかで、意欲的に食べる。 ◇寒い日に戸外へ出るときは自分で上着を着ようとする。

今月の食育

●旬の食材が給食に出ていることを知らせ、おいしくいただく。
●体格に合った机や椅子を用意することで、姿勢よく座って食事を楽しめるようにする。

◇…養護面のねらいや活動内容　◆…教育面のねらいや活動内容　★…家庭との連携

活動内容　教育	援助と環境構成
◆ゆったりとした雰囲気のなかで、保育者と関わりながら多くの言葉を獲得する。 ◆友達に興味を示し、同じ物を持ったり、まねしたりして関わることを楽しむ。 ◆散歩を楽しみながら、笛の合図に反応したり、交通ルールなどのマナーを身につけたりする（A・B・Cちゃん共通）。	●登園時に厚着をしてきた子どもは、体調や気候を考慮し、1枚脱ぐなどして衣服を調節し、薄着で過ごせるようにする。 ●着脱にじっくり取り組むことができるよう見守り、できた満足感を味わえるよう、一人ひとりに応じた援助を行う。 ★友達とのトラブルは、いっしょに遊びたい気持ちから起こることを伝え、成長のひとつとして見守ってもらえるようにする（A・B・Cちゃん共通）。
◆保育者や友達といっしょに追いかけっこやリズム遊びなどを楽しみ、全身を動かして遊ぶ。 ◆絵本の読み聞かせや保育者との会話から、いろいろな言葉に触れる。 	●友達とのトラブルが増え、手が出ることもあるので、様子を見ながら少人数のグループに分けて遊び、けがなどを未然に防ぐようにする。 ●言葉の繰り返しのある絵本を読むときは声の抑揚、顔の表情に変化をつけ、いっしょに楽しむ。 
◆遊びのなかで貸し借りに必要な言葉を知り、友達と触れ合うことを喜ぶ。 ◆季節の気温差を肌で感じながら、戸外でのびのび体を動かす。	●朝夕に室内でじっくり遊べるよう、成長に合わせて、いろいろな種類のひも通しやパズルなどのおもちゃを十分に用意する。 ●友達との関わりのなかで必要な言葉を知らせ、友達と触れ合う喜びを味わえるようにする。 

行事予定

●小学生との交流会　●焼きいも
●交通安全教室　●避難訓練
●誕生会　●身体測定

保育資料

【戸外遊び】
固定遊具、砂場、ボール
【室内遊び】
ままごと、お絵描き、ひも通し、ファスナー遊び
【運動遊び】
散歩
【表現・造形遊び】
リトミック、ガーランド（どんぐりや落ち葉を使った自然物製作）
【絵本】
・うずらちゃんのかくれんぼ　・とっとことっとこ

職員間の連携

●身の回りのことで、自分でできることが増えてくるので、一人ひとりの成長の姿を職員間で確認し、必要な援助をする。
●戸外では行動範囲が広がるので、環境や遊びについて見直すとともに、安全面への配慮について話し合う。
●気温の差による体調の変化に対応できるように、情報を共有する。

自己評価の視点

子どもの育ちをとらえる視点

●保育者との関わりのなかで、甘えたい気持ちを素直に表すことができたか。
●体を動かすことを、十分に楽しむことができたか。

自らの保育を振り返る視点

●言葉で表現しようとしている姿に寄り添い、言葉のやりとりが楽しめるよう配慮できたか。
●散歩や戸外遊びを通じて、一人ひとりが気持ちよく満足して楽しめるように、援助、配慮ができたか。

11月

月案 ……………… p82

週日案・
保育の展開 ……… p84

子どもの姿と保育のポイント

1歳児なりに楽しむ冬の行事

お正月休み前になると、園行事や冬ならではの感染症対策などで何かとあわただしくなりがち。そんななかでも、子どもたちと十分にスキンシップを図りながら1歳児なりに園行事を楽しめるようにしましょう。

クリスマスや餅つきなどの伝統行事を1歳児がそのまま行うのは難しいので、その要素を含んだ遊びを楽しんだり、雰囲気を1歳児なりに楽しんだりすることを目的とします。

園のクリスマス会では、本物（？）のサンタさんがやってきますが、いつもと違う環境に驚く子もいます。事前に絵本を読んだり、クリスマスの歌をうたったり踊ったり、室内環境（壁面など）でサンタさんが来るという楽しい雰囲気を知らせておいたりするとよいですね。

餅つきは、お兄さんお姉さんが餅をついている姿を見学し、小さく丸めた餅を少しだけいただきます。給食以外の食べ物を提供する場合は、アレルギーなどにも注意しましょう。

来年に向けて

年末年始に向けて、家庭や園が大掃除や来年の準備をする環境のなかで、子どもたちが感染症にかかったり、生活のリズムを崩したりしやすい時期です。園で流行している感染症を掲示したり、お便りで伝えたりして、保護者へ注意喚起を行います。園で安心して健康に過ごせるよう十分配慮しましょう。

また、机や椅子の高さが成長に合っているか確認します。衣服や靴のサイズは保護者と情報を共有し、確認し合います。家庭での食事の様子・環境の変化（保護者の勤務状況の変化等）などと最近の子どもの様子などを照らし合わせ今後の保育に生かします。

今月の保育ピックアップ

新要領・新指針の視点で

行事

クリスマス会

サンタの登場に怖がらないよう、配慮します。1歳児もいっしょにクリスマス会の雰囲気を楽しめるようにします。

行事

餅つき

餅つきの体験はできませんが、餅つきの様子を見学したり、できた餅を食べたりして、この時期ならではの行事を楽しみます。

12月のテーマ

餅つきなどの
伝統行事、
クリスマス会に参加し、
行事を楽しむ。

保育者の援助

果物の皮、むけるかな？

みかんなど身近な果物の皮をむく経験をすると、果物に親しみがもてます。栄養士と相談し、できる範囲で挑戦してみるとよいでしょう。

これもおさえたい！

記録する際のポイント

育ちつつある面やよい面に目を向け、否定的な文章を肯定的なものにしていきましょう。
〈例〉
・落ち着きがない→好奇心旺盛
・片づけをしない→遊びに夢中になると、片づけがおろそかになることがある

環境構成

体に合った机と椅子を用意

食事の際に姿勢よく座ることができるよう、体に合った物を準備しましょう。また、食事のときの挨拶も習慣づけたいですね。

12月

12月 月案

●餅つきなどの伝統行事やクリスマス会に参加して、楽しく過ごす。
●一人ひとりの体調を把握し、暖かい日には戸外に出て、体を動かして遊ぶようにする。

	子どもの姿	ねらい	子どもの養護
Aちゃん（1歳10か月）	●食べ終わった皿を保育者に見せたり、茶碗に残ったごはん粒を集めてもらって、残さず食べたりしている。 ●お気に入りの曲に合わせて体を動かしたり、手作りの楽器を持って音を出したりして喜んでいる。 	◇暖かい日はできるだけ戸外遊びや散歩をして健康的に過ごす。 ◆クリスマスや季節の歌、絵本を楽しむ。 ◆保育者の手遊びなどを見ながら、動きをまねして楽しむ。 	◇言葉でうまく表現できずにかみつきやひっかきがあるときは、保育者に代弁してもらいながら、友達とも少しずつ関わることができるようになる。
Bちゃん（2歳2か月）	●「お外、寒いよ」と言うと、上着を持ってきて自分で着ようとする。 ●友達のしていることのまねをしたり、同じおもちゃを見せ合って「いっしょ」とうれしそうにしたりする。 ●三輪車をこごうとしたり、転がっているボールを追いかけたりして、体を動かして喜ぶ。 	◇苦手な物も、保育者の言葉かけで興味をもち、少しずつ食べてみようとする。 ◆クリスマスに向けての製作など、手先を使う活動を楽しむ。 ◆暖房器具や加湿器などで湿度が保たれたなかで、毎日健康的に過ごす。	◇楽しい雰囲気のなかで自分で食べようとする。 ◇友達と同じものが欲しい、同じことがしたいという気持ちを受け止めてもらいながら、安心して過ごす。
Cちゃん（2歳6か月）	●寒さで排尿が近くなり、パンツをぬらすことが増えている。 ●パンツやズボンを1人ではこうとし、できると「はけた」とうれしそうに言う。 ●絵本を見て指さしながら名前を言ったり、「これなに？」と保育者に尋ねたりする。 ●2人乗り三輪車に友達といっしょに乗ったり、砂場でいっしょにままごとをしたりするなど、他児との関わりが多く見られる。	◇保育者といっしょに楽しんで着脱をする。 ◇きれいに整理整頓された保育室の中で、安全に過ごす。 ◆自分の思いや要求を言葉や動作で伝え、保育者に思いをくみ取ってもらいながら安心して過ごす。	◇保育者に見守られながら、自ら進んで衣服の着脱ができるようになる。 

今月の食育

●みかんやバナナの皮をむくなどを経験し、食べることが楽しめるようにしていく。
●「いただきます」「ごちそうさま」の挨拶をきちんとし、食事の時間の間はきちんと座っていられるように声をかける。

◇…養護面のねらいや活動内容　◆…教育面のねらいや活動内容　★…家庭との連携

活動内容 教育	援助と環境構成
◆手作り楽器や歌、手遊びなどの音楽に触れて楽しむ。また、クリスマスの歌、絵本を楽しむ（A・B・Cちゃん共通）。 ◆好きな遊具を見つけて自分から関わり、十分に遊ぶ。 ◆興味のある絵本を保育者といっしょに見たり、片言でしゃべったりすることを楽しむ。 ◆暖かい日はできるだけ戸外遊びや散歩をして健康的に過ごす（A・B・Cちゃん共通）。	●「かみかみごっくんね」とかみ方を知らせながら、自分で食べようとする気持ちを大切にしていく。 ●子どもの言葉にていねいに応じながら、絵本や紙芝居などをいっしょに楽しむ。 ●子どもの欲求を満たしながら、安心して過ごせるようにする。 ★年末年始の生活リズムについて働きかける（A・B・Cちゃん共通）。
◆落ち着いた環境で、手や指先を使った遊びを十分に楽しむ。 ◆雪が降った日は防寒に気をつけて保育者といっしょに遊ぶ。 	●一人ひとりの排泄（はいせつ）の間隔を把握したり、子どものしぐさを見逃さないようにしたりして、トイレに誘うようにする。また、ぬれたパンツを優しく取り替えながら、気持ちよさに気づけるようにする。 ●けんかやトラブルの際、「貸して」「代わって」「順番ね」「どうぞ」「ごめんね」「いいよ」の言葉のやりとりの仲立ちをする。ひっかいたり、かんだりすることがないように留意しながら、子ども同士でやりとりができるように見守る。
◆季節感があり、興味の湧くおもちゃ、絵本、遊具で楽しく遊び、友達や保育者とのやりとりを楽しむ。 ◆園庭での約束事を保育者といっしょに知って、安全に過ごす。 	●「上手にはけたね」とほめながらさりげなくズボンを整えて、自分でできたという満足感をもてるようにする。 ●できるだけ同じ保育者が関わるようにし、甘えを十分に受け止めていく。 ●使われていないおもちゃは置きっぱなしにせず、声をかけながら、子どもと片づける習慣をつける。 ★日中パンツで過ごしている子どもに対して、なるべく家庭でも同様に過ごせるよう働きかける。

行事予定

●クリスマス会　●誕生会
●お店やさんごっこ　●餅つき
●身体測定　●避難訓練　●保育納め

保育資料

【戸外遊び】
固定遊具、砂場、ボール
【室内遊び】
ままごと、絵本、ブロック、お絵描き、粘土、ひも通し、パズル、お店やさんごっこ
【運動遊び】
散歩
【表現・造形遊び】
リトミック、クリスマス製作（シール貼り→ひも通し）
【絵本】
・かおかおどんなかお　・ねないこだれだ

職員間の連携

●一人ひとりの生活リズムや体調管理について、クラス職員全員と共有し、欲求や自分でしようとする気持ちの表れをしっかりと受容する。
●2歳児クラスの職員とも話をし、2歳児クラスに進級するまでに、生活面、運動面などの指導にどのようにあたるべきかを話し合い、スムーズに進級できるような準備をしていく。

自己評価の視点

子どもの育ちをとらえる視点

●寒い日でも厚着をしないで、元気よく戸外遊びを楽しむことができたか。
●季節の行事を楽しみにして、活動に取り組むことができたか。

自らの保育を振り返る視点

●冬特有の感染症について理解し、一人ひとりの健康状態を把握し、いち早く子どもの変化に気がつくことができたか。
●室内遊びが多くなるなか、室内遊びでも静と動のバランスを工夫して関われたか。

12月

 週日案

10月 第3週

| ねらい | ●戸外遊びや散歩など、外で活動することを楽しむ。
●文化祭では、音楽に合わせて体を動かし、表現することを楽しむ。 | 先週の様子 | ●朝晩が肌寒くなり、微熱や鼻水・せきが出ている。
●言葉が出始め、二語文を話すようになってきた。 |

		主な活動	準備	環境および援助のポイント	子どもの様子・反省・評価
12日(月)〜17日(土)	12日(月)	体育の日			
	13日(火)	●戸外遊び ●室内遊び ●散歩	●戸外おもちゃ ●室内おもちゃ ●誘導ロープ ●携帯電話、救急セット ●お茶、コップ	●朝晩の気温差があるため、体温、顔色、便の調子など、子どもの体調の変化に気を配り、保護者と連絡をとり合っていく。検温は朝夕2回行い、体調が悪い子どもは特に気にかけて体調を把握しておく。	公園まで散歩する。行きは歩くが、帰りは座り込んだり、誘導ロープを持ちたがらない子どももいる。帰り道も楽しみがもてるよう工夫していく。
	14日(水)	●文化祭練習	●CD ●CDデッキ	●トイレトレーニングでは、定期的にトイレに行き、排泄の習慣が身につくよう見守っていく。成功したときには子どもといっしょに喜びを共有し、自信につなげていく。	文化祭の練習を行う。名前を呼ばれると手を挙げて返事をすることができた。ダンスの曲が流れると楽しそうに踊っている。最後まで集中して取り組むことができる。
	15日(木)	●身体測定	●身長計 ●体重計	●絵本の読み聞かせや遊びのなかで正しい言葉遣いを身につけられるように配慮する。 ●ダンスの練習では、子どもが楽しめるように保育者もいっしょになって楽しんで大きく踊る。途中で走るときの向きは全員統一し、ぶつからないように周りに気をつけるようにする。	身体測定後、園庭遊びをする。園庭にある小さな家の中に入り、園庭にあるものでケーキなどを作って、ごっこ遊びをする。石や葉っぱを使って遊ぶなど、遊びの幅が広がってきた。
	16日(金)	●散歩	●誘導ロープ ●携帯電話、救急セット ●お茶、コップ	●散歩では、誘導ロープを持ち、楽しく歩けるようにする。子どもの歩くスピードや月齢を考慮して、誘導ロープを握る順番や速さを調整する。 ●遠足で歩くコースや公園を通り、危ない所がないか確認しておく。	誘導ロープを上手に持てるようになり、元気に歩くことができたが、数人の子が座り込んだり泣いたりしていた。公園に着くと、楽しそうに遊んでいた。
	17日(土)	●文化祭			全員出席。受け入れ時から泣く子どもが多く、出番直前まで泣いている子どももいた。ステージ上では泣きやんだが、雰囲気に圧倒され動きが止まってしまう子どもが多かった。
週の反省		鼻水が出ている子が多い。朝晩が冷えるので、長袖を着て登園する子が増えている。日中はまだ暑いので、半袖に着替え、調整した。文化祭当日は、全員出席した。受け入れ時から泣く子が多い。ステージ上では緊張している様子だったが、泣かずに参加でき、子どもたちなりにがんばっている姿を見ることができた。子どもたちにとってよい経験になった。			

12月第1週

ねらい	●寒さに負けず、元気に体を動かして遊ぶ。 ●製作を通してお店やさんごっこへの興味を引き出し、期待を膨らませる。	先週の様子	●体調を崩し、休む子どもがいたが、前週に比べると少なかった。 ●人形劇の鑑賞会では、さまざまな動物の登場に大興奮の様子で、最後まで集中して見ていた子どもが多かった。

		主な活動	準備	環境および援助のポイント	子どもの様子・反省・評価
30日（月）～5日（土）	30日（月）	●戸外遊び ●室内遊び ●誕生会 ●バスでのおでかけ （○○公園）	●戸外おもちゃ ●室内おもちゃ ●救急セット ●誘導ロープ ●携帯電話　●お茶	●暖房器具や加湿器などで湿度が保たれたなかで、健康的に過ごす。 ●○○公園では公園での約束事を保育者といっしょに知って、安全に過ごす。 ●一人ひとりの排泄の間隔を把握し、子どものしぐさを見逃さずにトイレに誘うようにする。また、ぬれたパンツを取り替えながら、気持ちよさに気づけるようにする。 ●お店やさんごっこの話をすることで、イメージを膨らませ、楽しんで商品作りができるように環境を整える。 ●情緒の安定を図りながら、自発的な活動を促していく。 ●交流会では小学生との触れ合いのなかで、いつもと違う遊びを経験できるよう小学校の先生と打ち合わせておく。	誕生会終了後、園バスで公園に行く。初めてバスに乗った子どもたちは、車内でも声をあげて喜んでいた。気温も暖かく気持ちよく過ごすことができた。
	1日（火）				戸外遊びをする。気温があまり低くなく、元気に遊ぶ姿が見られたが、元気はあるものの、鼻水が出ている子どももおり、体調の変化には十分気をつけるようにする。
	2日（水）	●製作 （お店やさんごっこ）	●フラワーペーパー ●紙コップ ●ストロー ●シール		お店やさんごっこに出すジュース作りをする。シール貼りではみんな集中して貼っていた。貼り方も、絵柄を好む子、一列に貼る子など、個性が見られてよかった。
	3日（木）	●製作 （塗り絵遊び）	●塗り絵 ●クレヨン		室内で塗り絵遊びをする。大好きなキャラクターの塗り絵だったので、みんな楽しんでいる様子だった。今後も手や指先を使う遊びを保育に取り入れていきたい。
	4日（金）	●小学生交流 （2回目）			小学生との交流会では、人見知りする子どもはおらず、だっこを求めたり、膝の上に座ったりとスキンシップを図り、充実した時間を過ごすことができた。
	5日（土）				保育者が戸外に出る準備をしていると、数名の子どもが自分の上着を持ってきて着ようとがんばっていた。少しずつ自分でする姿が見られるようになってきた。

週の反省	誕生会・バスでのおでかけ・製作・小学生交流など、イベントが多かったが、楽しく過ごせ、充実した1週間だった。気温が急に下がり、せきをしたり、鼻水が出たりする子どもが増えてきたが、欠席者もなく元気に過ごせていた。引き続き健康管理には気をつけていきたい。

9・10・11・12月 週日案

健康

服装を調節して心地よく過ごす

朝夕の気温差が大きな秋。服装などを調節して、心地よく過ごせるようにしたいですね。そのためには、家庭との連携が欠かせません。

🌸 気温差

　夏が終わると、急に朝夕の気温が低くなります。登園時間は気温が低く、園で過ごす日中は気温が上がるため、1日のなかでの温度差が激しいのがこの時期の特徴です。

　登園時の気温が低いため、子どもたちの服装が厚着になりがちです。保護者と連携をとって、肌着（パンツ・シャツ）は薄手の物を着せ、上から羽織る物で調節を行うよう呼びかけます。薄着の習慣をつけることも伝えたいですね。また、この時期、午睡時の布団の交換（夏物から冬物へ）もお願いします。

　夏でなくても、汗をかいたら、肌着から着替えを行い、子どもが気持ちよさを知っていけるようにします。また、疲れが出やすい時期なので、ゆっくり休息をとるよう、園でも配慮を行いましょう。

🌸 保護者への伝え方

　薄着の習慣が丈夫な体作りにつながることを保護者に伝えます。子どもは大人に比べて体温が高く、大人より1枚少ないくらいでよいことを、具体的な衣服の枚数を挙げながら伝えるとよいでしょう。散歩に行くなど活動的に過ごすと汗をかくこともあるので、着脱しやすく、調節しやすい服装をお願いするとよいですね。お便りなどで絵に描いて具体的にお知らせすると、保護者に伝わりやすくなります。

● 伝え方の例

また〇〇くん厚着ですね 日中は暖かくなりますよ

朝は寒いから家を出るときは着せておきたいわ

室内は暖かくて汗ばむこともあるので脱ぎ着がしやすい服だと助かります

そうなんですね！

健康診断・検診で健康状態を把握

健康

健康診断で子どもたちの健康状態を確認し、家庭と連携して情報を共有していきましょう。結果をどのように保護者に伝えるかも、重要なポイントです。

🌸 健康診断・検診の重要性

園児の心身の健康状態や疾病の把握のために、定期的に健康診断を行います。その結果は記録して、保育に活用するとともに、保護者に伝えます。

歯科検診も重要です。歯と口の健康は、生涯にわたって心身の健康に影響します。歯磨き指導や食生活を含めた心身の健康教育を計画したいですね。保護者や園児に関心をもってもらうよう援助します。

🌸 保護者との会話につなげる

健康診断などを通して、保護者との会話につなげていくとよいですね。園と家庭とで園児の健康状態の共通認識をもつきっかけにしましょう。

＜例＞
・歯磨きの仕方　　・おやつの内容
・家庭での食事　　・リトミック遊び（体力作り）
・散歩のときの歩き方や距離
・「健診の順番、ちゃんと座って待っていました。」など、健診のときの子どもの様子

🌸 内科健診（年2回）

事前に保護者から嘱託医への質問や体の悩みについてアンケートをとっておき、健診結果とともに保護者へ知らせます。異常がない場合は、用紙でその旨をお知らせしますが、保護者に受診や治療をお願いするときは、配慮が必要です。
＜例＞
・乾燥肌→「受診して薬を使ったらかなり効果があるみたいですよ」などと送迎時に口頭で伝えます。
・「低身長」「斜視」など体のこと→特に、伝え方に配慮が必要です。保護者の心情を考え、伝え方や言い回しに注意します。質問があった場合の返答は、嘱託医・園長・主任へ確認してから行った方がよいでしょう。場合によっては主任・園長が同席し、家庭と連携して園で取り組むことがあれば、いっしょに考えていきます。

🌸 歯科検診（年2回）

事前に嘱託医への質問や口腔の悩みについて、アンケートをとっておき、保護者に結果とともに伝えます。虫歯など、気になることがある場合は、歯科受診を勧め、治療状況や治療完了を確認するようにします。

おやつの与え方・歯磨きの仕方や乳幼児期の歯の大切さを再確認できる内容のお知らせを配布するとよいでしょう。

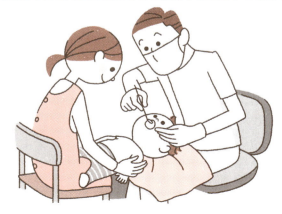

異年齢児交流

わくわくデー　〜異年齢児交流〜

園のお兄さんやお姉さんと交流しながら、子どもたちはよい刺激を受け、さまざまなことを感じていきます。

🌸 異年齢児交流のよさ

当園では、年間を通じて異年齢児交流を行っています。園に、お兄さん・お姉さんがいることを知り、関わるなかで、お兄さん・お姉さんに甘えたり、たくさん抱っこしてもらったり、遊んでもらったりして、いつもの保育とは違う雰囲気が味わえます。特に兄弟姉妹がいない子どもにとっては、貴重な体験になります。

🌸 異年齢児交流ならではの配慮

人見知りをしたり、どのように接したらいいかわからなかったりすることもあるので、子どものそばについて、様子を見て援助していきます。例えば、散歩にいっしょに行くときは、「お兄ちゃんの手大きいね。タッチしてみようか」「手をつないだら、ゆっくり歩こうね」など、声をかけ見守ります。

お店やさんごっこなどを行うときには、折り紙で作った財布やバッグなど、必要な物を事前に準備しておきます。

手をつなごうね

🌸 写真をスライドショーやプレゼントに

異年齢児交流では写真をたくさん撮っておきます。5歳児のお別れ会で、1年間の思い出が詰まったスライドショーを作って鑑賞したり、写真を現像して大きな紙に貼り、「そつえんおめでとう」のメッセージを添えてプレゼントにしたりしています。

そつえんおめでとうございます

🌸 年間のおもな異年齢児交流

※この他に、p.64の夏のお楽しみ会でも異年齢児交流を行っています。

●5月：園の近くをお散歩

お兄さん・お姉さんと手をつないで、園の近くを散歩します。初めはお互いにドキドキして緊張している姿が見られます。

●9月：いっしょに給食を食べよう！

お兄さん・お姉さんといっしょに給食を食べ、交流します。

●12月：お店やさんごっこ

1歳児は保育者といっしょに簡単な物を作って出品します。看板作りや商品販売は5歳児に頼みます。当日は、保育者といっしょにお買い物に行きます。5歳児が店員になり、1歳児はお客さんです。お兄さん・お姉さんがかけてくれる「いらっしゃいませ〜」の声に照れながら、自分の欲しい物を選び、作ったお金を渡して、お買い物を楽しみます。

●3月：お別れ会

5歳児といっしょにスライドショーを鑑賞したり、5歳児が卒園式でうたう歌を聴いたりします。兄弟姉妹も多いため、自分の兄弟姉妹を見つけて喜ぶ姿も見られます。

9・10・11・12月　保育の展開

散歩

みんな大好き！
季節の変化を味わうお散歩

いろいろな効果があるお散歩。季節による違いを味わいながら、子どもたちといっしょに楽しみましょう。

🌸 散歩の効果

適度に外気に触れることで、気管や鼻の粘膜を鍛えることができます。また、日光に当たることで皮膚を丈夫にしたり、骨の発育をよくしたりするともいわれています。

また、散歩によって、程よい疲労感から空腹を感じて食欲が増し、十分な睡眠もとれ、1日の生活リズムが整います。

＊用意する物

● 着替え	● 救急セット
● 飲み物	● タオル
● 帽子	● 緊急用携帯電話

＊あったら楽しい物

● 砂場セット	● 縄
● 草花などの収集用のビニール袋や箱	

🌸 その日の体調や機嫌を見て歩いてみよう

最初は短い距離から始め、歩けるようになったら距離を伸ばしていきます。1歳で1km、2歳で2kmくらいがおおよその目安です。

道草とだっこと駄々は、1歳児の散歩につきものです。時間と気持ちにゆとりをもってつき合いましょう。

🌸 午前中がベストタイミング！

季節・地方にもよりますが、午前11時以降は特に紫外線が強い時間なので、避けた方がよいでしょう。また、散歩は1時間以内になるようにしましょう。

散歩のあとは、十分な水分補給と休息がとれるよう配慮を行います。

季節のお散歩

●春のお散歩

　自分の足で歩いたり、お散歩車を利用したりして、月齢に合った方法でお散歩にでかけましょう。春の自然を楽しんだり、こいのぼりを見に出かけたりします。月齢によって、目的地を変えてもよいでしょう。また、時には、おやつを持って散歩に行きます。散歩中は、自然の物を見たりしながら、子どもたちに言葉に出して声をかけていきましょう。

きれいな
お花だね

●夏のお散歩

　暑すぎない日を選んで散歩にでかけます。水分補給をこまめに行い、必要に応じて、木陰で休息をとります。小川の音を聞いたり、笹船で遊んだり、田んぼにどんな生き物がいるか観察したりすると楽しいですね。

何が
いるかな?

●秋のお散歩

　秋の自然を感じられるようなお散歩がいいですね。いろいろな木の実や葉っぱを見つけて園へ持ち帰り、製作遊びなどに発展させましょう。また、いろいろなコースを楽しみ、遠足へとつなげるとよいでしょう。

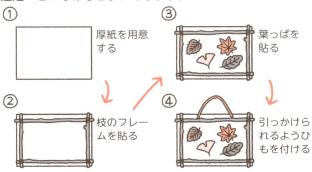

① 厚紙を用意する
② 枝のフレームを貼る
③ 葉っぱを貼る
④ 引っかけられるようひもを付ける

●冬のお散歩

　寒い日はしっかりと防寒対策をして、散歩にでかけます。氷や霜柱などを見たり触ったりするのも、よい経験となります。砂場セットを持って公園にでかけ、砂場遊びを楽しむのもよいでしょう。

ザクッ
ザクッ

月案 ……………… p94

週日案・
保育の展開 …… p104

子どもの姿と保育のポイント

休み明けの子どもたち

休み明けの登園では、すぐには園生活に対応できず、遊び出すまでに時間がかかる子がいます。泣いて登園した場合は、気持ちを受け止め、だっこするなどスキンシップを多くし、子どもの気持ちが落ち着くのを待ちましょう。落ち着いたら、戸外などで思い切り遊べるといいですね。

おしゃべり上手になったよ

家でのできごとを言葉で伝えようとする姿が見られるので、ゆっくり関わり、伝えたいことをしっかり受け止めます。また、言葉が増えるので、友達同士のやりとりも増えてきます。ごっこ遊びやおもちゃの貸し借りがスムーズにできたり、「ありがとう」が言えるようになったりするとうれしいですね。聞いた言葉はすぐまねするので、保育者は日頃から正しい言葉を遣いましょう。子どもならではの「おもしろ発言」をたくさん聞くことができるのも、この時期の特徴です。

冬の感染症対策

インフルエンザなどの感染症が流行し始める時期です。できる範囲で、手洗い・うがいに取り組み、家庭での協力を呼びかけましょう。

子どもの体調は、急変することがあります。朝は元気だったのに、昼には高熱が出ることもあります。体調の変化に気を配り、家庭で変わった様子や気になることはなかったか、日頃から保護者と連絡を取っておきましょう。

インフルエンザなどの感染症には、登園基準があります（解熱しても登園できない期間がある）。保護者へ説明し、理解と協力を得ます。園と保護者が確実に理解しておくことが大切です。園便りやクラス便り、掲示などで知らせるのも1つの方法です。

今月の保育ピックアップ

新要領・新指針の視点で

子どもの活動

戸外で元気いっぱい！

静かに遊ぶよりも、戸外でたくさん動いて体を温める遊びをしたい時期です。鬼ごっこなどのルールのある遊びはまだ難しいので、保育者を追いかけたり、追いかけられたりして遊びます。

先生のお尻にタッチしてごらん！

保育者の援助

戸外遊びの準備

戸外に出る準備も意欲的になり、靴下や帽子・上着の準備ができるようになります。できないところは保育者がさりげなく手伝い、自信がつくようにしてあげましょう。

1月のテーマ

天気がいい日は戸外で元気に遊ぶ。

環境構成

自分で準備しやすい工夫を

戸外に行くときに履く靴下は、自分のマークが貼ってある所に入れ、そこから自分で取って履くようにします。

くつしたいれ

※当園では、戸外に出るときのみ靴下を履いています。

これもおさえたい！

発達が気になる場合

1歳児の段階で発達が気になる場合、家庭でも困っていたり、悩んでいたりする場合があります。思いを共有するだけでも、安心される保護者もいます。「○○なときには、園では○○したらうまくいきました」など具体例が提示しやすくなります。

1月

1月 月案

今月の保育のねらい

●簡単な身の回りのことを、自分でしてみようとする。
●天候のいい日には戸外に出て体を動かすなど、寒さに負けず元気に過ごす。

	子どもの姿	ねらい	子どもの養護
Aちゃん (1歳11か月)	●保育者の声かけにより、ズボンを自分で上げようとする。 ●なんでもよく食べるが、まだまだ手づかみで食べることが多い。 ●気に入った絵本やおもちゃを見つけると自分から進んで手にし、「見て、見て」と、うれしそうに見せる。	◇身の回りの簡単なことで、自分でできそうなことをやってみようとする。 ◆食事に興味をもち、自分で食べることを楽しむ。 ◆保育者や友達とのやりとりに関心をもち、思いを言葉にするようになる。 	◇衣服の着脱を、保育者に援助をしてもらいながら自分でやってみる。 ◇スプーンを持って最後まで食べる。 ◇保育者にトイレに誘われ、喜んで便器に座る。
Bちゃん (2歳3か月)	●靴やズボンの着脱が自分でできるようになり、うれしそうにしている。 ●お話に興味があり、保育者との会話を楽しんだり、自分の思いを伝えようとしたりする。 ●自分の思いが通らないと泣いてしまい、気持ちを切り替えるのが難しいことがある。 	◇衣服の着脱などの身の回りのことを、自分でできることに喜びを感じるようになる。 ◇体調や情緒面に気を配ってもらいながら、心地よく過ごす。 ◆好きな遊びを通して、友達や保育者との関わりを楽しむ。	◇尿意を感じてトイレへ行こうとする。 ◇保育者とのやりとりを楽しみ、気持ちを受け止めてもらいながら安心して過ごす。
Cちゃん (2歳7か月)	●簡単なお手伝いをうれしそうにしている。 ●知っている歌をうたったり、身ぶり手ぶりで自分の思いなどを伝えようとしたりする。 ●友達のことが気になり、話しかけたり抱きついたりして関わりを楽しむようになる。 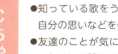	◇簡単な身の回りのことや保育者のお手伝いに興味をもち、自分でやろうとする。 ◆遊びや生活のなかで、保育者や友達と言葉のやりとりを楽しむ。 ◆冬ならではの自然に触れて遊ぶ。	◇保育者のすることに興味をもち、お手伝いをしようとしたりする。 ◇友達といっしょに楽しい雰囲気のなかで喜んで食事をする。

今月の食育

- ●一人ひとりに合わせて量を加減し、完食できたうれしさを味わえるようにする。
- ●スプーンやフォークを持って食べるように促していく。
- ●正月料理を通して郷土料理を口にする機会をもつ。

行 事 予 定

- ●交通安全教室　●身体測定
- ●誕生会　●避難訓練
- ●ニューイヤーコンサート

◇…養護面のねらいや活動内容　◆…教育面のねらいや活動内容　★…家庭との連携

活動内容 教育	援助と環境構成
◆正月遊びに興味を示し、友達といっしょに喜んで遊ぶ（へびたこ・絵かるたなど）（A・B・Cちゃん共通）。 ◆冬ならではの自然を見たり触ったりして楽しむ。 ◆自分の思いを言葉にして友達に伝えようとする。 ◆遊びや絵本の読み聞かせなどを通して、保育者と楽しく関わっていく。 ◆友達の動きを見て楽しんだり、まねをしたりして関わろうとする。	●衣服の着脱など、自分でやってみようとする姿を認め、さりげなく援助していき、できたときには十分にほめるようにする。 ●ていねいな言葉かけを心がけ、発語を促したり、思いを代弁して友達との関わりの仲立ちをしたりしていく。 ★かぜをひきやすい時期なので、体調に変化が見られたときはしっかりと様子を伝え合うようにし、早めの対応を心がける（A・B・Cちゃん共通）。
◆寒い日でも、戸外へ出ることを喜んだり、冬の自然に触れて遊ぶことを楽しんだりする。 ◆保育者や友達との言葉遊びを通して言葉を発することを楽しむ。 ◆友達といっしょにいろいろな活動をするなかで、自分もやってみようとする。 	●そばで様子を見守ったり、手を添えたりしながら、自分でできた喜びが感じられるようにする。 ●子どもの自然に対する驚きや発見に共感し、いっしょに触れるなどして肌で感じられるようにする。 ●思いどおりにいかない気持ちを受け止めながら、友達との関わりの仲立ちをし、相手の気持ちにも気づけるようにしていく。
◆ごっこ遊びや模倣遊びをじっくり楽しみながら、保育者や友達とのつながりを深める。 ◆友達とやりとりをするなかで、「楽しい」や「うれしい」「悲しい」などさまざまな気持ちを感じながら、言葉にしようとする。 ◆雪や氷などの冬の自然を見たり触れたりして遊ぶ。	●身の回りのことなどが自分でできたという気持ちを受け止め、「できたね」と認めながらいっしょに喜び、満足感がもてるようにする。 ●保育者もいっしょになって、ごっこ遊びや模倣遊びなどをしながら楽しい雰囲気をつくり、仲立ちをしたり友達との関わりがもてるようにしたりしていく。 ●気温や体調に配慮しながら、戸外で霜柱など冬の自然に触れる機会をつくり、いっしょに楽しめるようにする。

保育資料

【戸外遊び】
固定遊具、砂場、ボール、縄遊び
【室内遊び】
ブロック、絵本、ままごと、パズル、ごっこ遊び、粘土、正月遊び（福笑い）
【運動遊び】
散歩
【表現・造形遊び】
リトミック、ゆきだるま（紙をちぎって貼る）
【絵本】
・たまごのあかちゃん　・もこもこもこ

職員間の連携

- ●子どもの健康状態に合わせて、室内、戸外で遊べるように職員同士が連携し、役割分担をしていく。
- ●一人ひとりの育ちや興味、意欲について確認し合い、共通した関わりがもてるようにする。
- ●子どもたちが自分の好きな遊びが見つけられるように室内環境を工夫したり、関わり方や言葉のかけ方などを話し合ったりする。

自己評価の視点

子どもの育ちをとらえる視点

- ●友達との関わりを楽しみながら遊べていたか。
- ●楽しい雰囲気のなかで食事ができていたか。
- ●興味や関心に寄り添った環境のなかで、好きな遊びが楽しめていたか。

自らの保育を振り返る視点

- ●一人ひとりの気持ちに寄り添った関わりや言葉かけができていたか。
- ●子どもたちの体調に応じた食事や遊びの提供を心がけ、職員間で共通理解して連携がとれたか。

1月

月案 ……………… p98

週日案・
保育の展開 ……… p104

子どもの姿と保育のポイント

友達大好き！

　友達との関わりが増え、楽しい気持ちがある反面、ぶつかり合うことも増える時期です。「順番！」と言って1番になりたがったり、おもちゃの取り合いをしたりと、にぎやかになってきます。これらのぶつかり合いは大切な経験です。子どもの気持ちを受け止めて、気持ちを言葉で伝えられたときはたくさんほめましょう。言葉で伝える楽しさがわかると、友達との関わりも広がります。うまく言葉にできなくても、表情やしぐさで伝わることもあります。様子を見ながら間に入っていくのもよいでしょう。言葉での説明が不十分なところは保育者が仲立ちして気持ちを代弁するなど、対応の仕方を担任同士で統一すると、安心できますね。

室内遊びの充実

　冬本番。室内で遊ぶ機会が増えます。スズランテープの先に風船を付け、ぶら下げるだけでも、タッチして遊べます。保育者との触れ合い遊びや友達との関わりを楽しめるよう工夫します。

手指の発達

　この頃、保育者のエプロンのボタンに興味が出てきて、よく触る子どもの姿を見ます。指先を使った細かい動作ができるようになるので、遊びのなかに「ボタンはめ」を取り入れてもよいでしょう。好きな子どもは集中して楽しむことができます。

　また、上着のファスナーを自分で上げ下げできるようになる子もいます。園でできたことは保護者にも伝え、成長をいっしょに喜びましょう。

一人遊びから集団遊びへ

　「かごめかごめ」「あぶくたった」など、5名くらいで簡単なわらべ歌遊びができると遊びの幅が広がります。一人遊びから集団遊びに発展していく大事な時期を保育者もいっしょに楽しみましょう。

子どもの活動

イメージがふくらむ見立て遊び

見立て遊びで、目の前にないものをイメージする力が育まれてきます。さらに言葉が伴ってくると、イメージの世界がもっと豊かになります。

もしもし
パオーン

保育者の援助

保育者もいっしょに！

子どもたちの見立て遊びは、発想力が豊かです。想像の世界に入り込んで楽しんでいることもあるので、まずは見守り、様子を見て声をかけ、いっしょに喜んだりすると、遊びの世界が広がります。

パオ パオォーン
あいー

2月のテーマ

保育者や友達と
いっしょに
いろいろな見立て遊びを
楽しむ。

子どもの活動

言葉のやりとりを楽しむ

片言から二語文、ごっこ遊びでのやりとりなど言葉の習得が進みます。会話を楽しんだり、おもちゃの取り合いを言葉のやりとりで解決できたりするようになっていきます。

どうぞ
ありがとう

これもおさえたい！

のりを使ってみよう

指先の動きが細かくなり、のりを使った製作もできるようになります。鬼のお面作りなど、自分で作った物に愛着も出てきます。

2月

2月 月案

今月の保育のねらい

●一人ひとりの体調に気をつけながら、寒い冬を元気に過ごせるようにする。
●保育者や友達といっしょに、いろいろな見立て遊びを楽しむ。

	子どもの姿	ねらい	子どもの 養護
Aちゃん（2歳）	●喜んでトイレへ行くが、水を流して遊ぶこともある。 ●天気のよい日には戸外に出て、走るなどして遊んでいる。	◇簡単な身の回りのことが自分でできるようになる。 ◇汚れたら、顔や手を拭いてきれいになる心地よさを感じる。 ◆排尿間隔に合わせて言葉をかけてもらい、トイレでの排泄に慣れる。 ◆保育者に見守られて、戸外遊びを十分に楽しむ。	◇温度・湿度・換気・衛生面に気をつけながら、手洗い、うがいなど感染予防について知る。 ◇トイレで排泄できることが増え、援助してもらいながらパンツでも過ごしていたりする。
Bちゃん（2歳4か月）	●保育者に「こう？」と衣服の向きを聞きながら、着替えようとする。 ●食後におしぼりを使って口の周りや顔を拭こうとしたり、鼻水が出ると保育者に知らせに来たりする。 ●引き続き正月遊び（絵かるた、へびたこ）を楽しんでいる。 	◇衣服の着脱を、保育者に手伝ってもらいながら自分でやろうとする。 ◆給食を残さず自分で食べようとする気持ちをもつ。 ◆冬の自然に触れ、十分に体を動かして遊ぶ。	◇衣服の脱ぎ方やかぶり方を教えてもらいながら、自分でしたいという気持ちが芽生える。 ◇保育者や友達と安定した関係のなかで、ともに過ごす喜びを味わう。 ◇生活のリズムを整えながら、寒い時期を元気に過ごせるようにする。
Cちゃん（2歳8か月）	●「集まれ」と言って食器の中の食べ物をスプーンで寄せて食べようとする。 ●「○○くん、ここに来て」と気の合う友達を誘っている。 ●保育者のまねをして他児に絵本を見せる。 ●戸外に出ると、友達といっしょにフープや段ボール箱を使っていろいろな所を走り回る姿が見られる。 ●保育者といっしょに「貸して」「ごめんね」などが言える。	◆気の合う子どもに関心をもって関わろうとする。 ◆保育者や友達といっしょにいろいろな模倣遊びを楽しむ。 ◆わらべうたを通して、言葉のやりとりを楽しむ。 	◇食事や衣服の着脱の場面で、自分でできたという満足感を味わう。 ◇保育者がそばにいることで安心して眠れるようになる。

今月の食育

- 季節の野菜や果物を食し、味覚や食感を楽しみながら食事をする。
- お皿を持つ、スプーンやフォークをきちんとした握り方で持つなどのことが上手にできるようになり、少しずつこぼさないで食べるようになる。

行 事 予 定

- 豆まき会　　● 身体測定　　● 誕生会
- 避難訓練　　● 歯科検診

◇…養護面のねらいや活動内容　◆…教育面のねらいや活動内容　★…家庭との連携

活動内容 教育	援助と環境構成
◆簡単なリズム遊び、ごっこ遊び、見立て遊びを十分に楽しむ。 ◆身近な食べ物・乗り物・動物が出てくる絵本をいっしょに見ながら、言葉のやりとりを楽しむ。 ◆寒さに負けず、積極的に戸外に出て遊ぶ。 	●子どもの様子を見守りながらさりげなく援助し、「きれいに食べたね」とほめ、自分でできたという喜びをもてるようにする。 ●トラブルも多くなるので、状況を見極めて互いの気持ちを受容し、わかりやすく仲立ちをして関わり方を知らせていく。 ★自分で着脱しやすい衣服を準備してもらう（A・B・Cちゃん共通）。 ★発達状態や生活習慣の自立について保護者と共有し、ゆったりとした気持ちで自立を促す（A・B・Cちゃん共通）。
◆異年齢の子どもの活動に興味を示し、見たりいっしょに遊んだりする。 ◆寒くても少しの間、外気に触れ、強い体作りをする。 	●衣服の着脱時にどの部分を持つかなど、着脱のしかたを知らせながら、見守っていく。 ●子どもの成長に合った遊具や、季節ごとに楽しめる絵本を、目につきやすい所に置く。 ●見立て遊びが楽しめるように手作りおもちゃを用意したり、コーナー作りを工夫したりする（手作りおもちゃやチェーンリングなど）。
◆自分のやりたいという気持ちを受け止めてもらいながら、なににでも意欲的に取り組む。 ◆友達の思いに気づけるよう保育者に仲立ちをしてもらいながら、いっしょに遊ぶ楽しさや、気持ちが通じる喜びが味わえるようになる。 ◆戸外で遊ぶことを楽しみにし、自分で身支度をしようとする。	●自分で衣服の着脱ができたときは十分にほめ、自信につながるようにする。 ●ジャングルジムや太鼓橋などの登る固定遊具に興味が出始めるので、危険がないよう気をつける。 ●おもちゃの取り合いなどが起こったら保育者が仲介となり、順番を守って遊べるようにする。

保育資料

【戸外遊び】
固定遊具、砂場、縄遊び
【室内遊び】
ブロック、絵本、ままごと、粘土、ごっこ遊び、布の絵本、わらべうた遊び
【運動遊び】
巧技台
【表現・造形遊び】
リトミック、てぶくろ（毛糸まき）
【絵本】
・はらぺこあおむし　・おさじさん

職員間の連携

- 朝の視診をていねいに行い、体調の変化に気をつける。
- 一人ひとりの発達状態や生活習慣の自立について確認し合い、来年度に向けての課題を話し合う。
- 見立て遊びが楽しめるようにおもちゃの製作やコーナー作りの役割分担を決める。
- 避難訓練では安心して避難できるよう、保育者で連携をとり、素早く避難できるようにする。

自己評価の視点

子どもの育ちをとらえる視点

- 生活のなかで一つひとつできるようになったことに、満足感を味わうことができたか。
- 手作りおもちゃなどで、満足して遊ぶことができたか。

自らの保育を振り返る視点

- 子どもの発達の段階を踏まえた手作りおもちゃを用意し、子どもたちに提供することができたか。
- 季節の感染症などにいち早く気づき、感染拡大しないよう、室内やおもちゃの消毒をするなど衛生面に気をつけたか。

2月

3月

月案 …………… p102

週日案・
保育の展開 ……… p104

子どもの姿と保育のポイント

連続する作業が自分でできるように

自分でできることがさらに増えてきます。一人でできているか見直し、「衣服を上手に脱ぐ」から「たたんで袋に入れる」など、次の作業へつながるよう、ていねいに関わるようにしましょう。なんでもできる子、手伝いが必要な子など、個人差があります。自分でしたいという気持ちを大切にしながら、「できた！」という喜びが味わえるよう一人ひとりに関わります。どこまでできて、どのくらい手伝いが必要なのか、保育者間で共通理解ができるように話し合うことも大切です。

立ったままおしっこできるかな？

子どもの排尿の間隔がつかめてきたら、2歳児クラスのトイレへ行き、男の子は立ち便器で排尿する練習を取り入れると、進級後の生活がスムーズです。負担にならないよう、楽しみながら取り組めるようにしましょう。

楽しいお散歩

歩くのが上手になり、散歩の楽しさがさらに味わえるようになります。歩くのを嫌がる子は、保育者と手をつないだり、途中で虫や花を見つけながら歩いたりして、ゆっくり参加できるようにしましょう。保育者の人数に余裕があれば、しっかり歩くチームとゆっくり歩くチームの2チームに分けて散歩をすると、違う発見があるかもしれません。

大きくなったね！

4月からの1年を振り返ってみましょう。4月と3月の手形や足形、壁につけた身長の印も今のものと比べると、成長が目で見てわかります。保護者にも伝えて、大きくなった喜びをいっしょに味わうとよいですね。子どもたちには、「もうすぐ○○組になるね」などの言葉かけで、期待感をもって進級できるようにしましょう。

今月の保育ピックアップ

保育者の援助

1年の振り返り

一人ひとりの成長を振り返ります。できるようになったことなど、ともに喜び今度の目標などを保護者にも伝えていきましょう。

子どもの活動

春が来た！

戸外では虫を見つけたり、春の草花に気づいたりして、春を感じていきます。靴下や帽子の着用が自分でできるようになり、戸外へ行くことがさらに楽しみになります。

3月のテーマ

保育者に見守られながら
簡単な身の回りのことを
自分でしようとし、
進級を楽しみにする。

保育者の援助

もうすぐ進級

進級に不安を感じる保護者もいます。不安な気持ちを受け止めたうえで、職員全員で見守っていくことや次の担任へ引き継ぐことなどを伝え、心配事が減るよう、ていねいに対応します。

これもおさえたい！

職員間のチームワーク

子どもの発達や成長、課題などを担任間で話し合い、まとめておきます。次年度の担当者や栄養士などに引き継ぐ機会を設けましょう。

3月

3月 月案

今月の保育のねらい

- 簡単な身の回りのことが、自分でできるようになる。
- 暖かい日ざしのなかで春の訪れを感じながら、散歩や戸外遊びを楽しむ。

	子どもの姿	ねらい	子どもの 養護
Aちゃん（2歳1か月）	●苦手な食べ物も一口は食べてみようとする。 ●「しー出た」とパンツがぬれたことを知らせる。 ●衣服の着脱に興味をもち、靴下や靴、パンツやズボンの上げ下ろしなど、できることを自分でしようとする。 ●友達との関わりのなかで、自分の思いがうまく伝わらないときは、怒ったり泣いたりする。	◇トイレで排泄できたときは、たくさんほめてもらい、次へつながるようにする。 ◆さまざまな食材に触れ、楽しく食事ができるようにする。 ◆保育者や友達との関わりのなかで、言葉のやりとりを楽しむ。 	◇午睡時は自分の布団で安心してたっぷり眠る。 ◇保育者や友達といっしょに食べることを楽しみ、苦手な物でも口に入れてみようとする。 ◇自分の思いがうまく伝わらず手が出たときは、保育者に気持ちを受け止めてもらいながら関わり方を知っていく。
Bちゃん（2歳5か月）	●衣服の着脱がほとんどできるようになる。 ●保育者や友達の名前を覚え、いっしょに遊ぶことを楽しむようになる。 ●物の取り合いも見られるが、自分から貸したりすることもある。	◆いろいろな遊びを通して、体を十分に動かすことを楽しむ。 ◆「貸して」「代わって」などと言葉で伝えようとする。 ◆リトミックや体育遊びに喜んで参加する。	◇排泄を知らせたり、自分からトイレへ行こうとしたりする。 ◇友達の名前を呼んだり、自分の名前を呼んでもらったりする楽しさを味わい、やりとりも楽しむ。 
Cちゃん（2歳9か月）	●トイレで排泄できることが増え、一日中パンツで過ごしている。 ●保育者や友達と簡単な見立て遊びを楽しむ。 ●自分の気持ちや要求を言葉で伝えようとする。 	◆ゆったりとした環境のなか、保育者といっしょに絵本に親しむ。 ◆いろいろな遊びに興味、関心をもち、友達と関わって遊ぶ楽しさを味わう。 ◆自分の思いを言葉で伝える楽しさを味わうことができるようになる。	◇活動中でも自分からトイレへ行こうとする。 ◇同じテーブルの友達や保育者と食材について話したりしながら、楽しく食事をする。

今月の食育

- よくかんで食べるよう、声をかけながら見守る。
- 保育者といっしょにおやつや給食を取りに行き、調理員と関わる機会をもつ。
- 5歳児が植えた野菜を見学し、給食で味わう際に親しみがもてるようにする。

行 事 予 定

- 交通安全教室　● 身体測定
- ひな祭り　● 誕生会　● 避難訓練

◇…養護面のねらいや活動内容　◆…教育面のねらいや活動内容　★…家庭との連携

活動内容	
教育	**援助と環境構成**
◆音楽に合わせて体を動かすことを楽しむ。 ◆異年齢児との関わりを楽しむ。 ◆ひな祭りなどの製作では、指先を使って楽しんで取り組む（A・B・Cちゃん共通）。 	●よくかんで食べることができるように、言葉をかけながら見守っていく。 ●絵本を読んだり、静かな音楽を流したり、安心して快適に眠ることができるようにする。 ●進級する保育室へ遊びに行ったりトイレを利用したりして、少しずつ慣れるようにする（A・B・Cちゃん共通）。 ★日々の生活のなかで、保護者へ成長したことを伝え、安心して進級できるよう配慮する（A・B・Cちゃん共通）。
◆言葉でうまく伝わらないときは保育者に仲立ちになってもらい、友達とのやりとりがうまくできるようになる。 ◆2歳児クラスへ遊びに行き、進級することを楽しみにする。 	●衣服の着脱は、自分でできる喜びや満足感が味わえるよう、難しいところをさりげなく手伝うようにする。 ●子どもの発見や驚きを見逃さず受け止め、興味や好奇心を満たしていく。
◆保育者や友達との安定した関係のなかで、ともに過ごすことの喜びを味わう。 ◆戸外では春の草花や虫を見つけて喜ぶ。 	●気温や風の変化など春の訪れを、保育者といっしょに肌で感じられるようにする。 ●見立て遊び（ままごとなど）をあたたかく見守りながら、子どもの様子に応じてエプロン、おんぶひもなど必要な物を準備したり、保育者もいっしょにしたりして、遊びを盛り上げていく。

保育資料

【戸外遊び】
固定遊具、砂場、縄遊び
【室内遊び】
ブロック、ままごと、粘土、パネルシアター、手作りおもちゃ（パペット、引っ張るおもちゃ）
【運動遊び】
散歩、体育遊び
【表現・造形遊び】
リトミック、おひな様製作（にじみ絵→顔のパーツのり貼り）
【絵本】
・コロちゃんはどこ？　・いやだいやだ

職員間の連携

- 季節の変わり目で気温に差があるときがあるので、過ごしやすい服装について話しておく。
- その日の子どもの体調や保護者からの情報を共有し、対応のしかたについて全員で認識していく。
- 一人ひとりの1年間の成長や課題について話し合い、次の担当者へ引き継ぐようにする。

自己評価の視点

子どもの育ちをとらえる視点

- 季節の移り変わりを感じながら、戸外で十分に体を動かして遊ぶことができたか。
- 自分の思いをのびのびと表現することができたか。

自らの保育を振り返る視点

- 進級することを楽しみにできるような働きかけができたか。
- 子どもの言葉にしっかりと耳を傾け、気持ちに寄り添って関わることができたか。

3月

 **週日案**

1月 第3週

ねらい
- ●寒くても健康で、元気に過ごす。
- ●友達とコミュニケーションをとりながら、体を動かして遊ぶ。

先週の様子
- ●年明けで久しぶりの登園であったが、泣く子どもは少なく、スムーズに園生活に戻ることができていた。

		主な活動	準備	環境および援助のポイント	子どもの様子・反省・評価
11日(月)〜16日(土)	11日(月)			●戸外遊びの際は気温や体調に配慮し、時間を短めにするなど調整しながら、冬の遊びをいっしょに楽しむ。 ●食事は一人ひとりに合わせて量を加減しながら、完食できた喜びを味わえるようにする。 ●衣服の調節など自分でしようとする姿を認めてさりげなく援助し、できたときは十分ほめて、自信がもてるよう配慮する。 ●自分の思いどおりにいかない気持ちを受け止めながら、友達との関わりの仲立ちをし、相手の気持ちにも気づけるようにしていく。 ●散歩では子どもの問いかけや会話を十分に受け止め、やりとりを交わしながら発語を促し、思いを満たすようにする。 ●製作では、興味をもってスタンプが楽しめるように導入を工夫したり、ていねいに関わったりしていく。 ●身体測定では「大きくなったね」などの声をかけ、成長したことを喜びながら行う。	
	12日(火)	●戸外遊び ●室内遊び ●リトミック	●戸外おもちゃ ●室内おもちゃ		0〜2歳児のクラス合同でリトミックを行う。雰囲気に緊張し、動けなくなってしまう子どももいたが、2歳児の手本を見て、よい影響を受けることができた。
	13日(水)	●散歩 ●クレヨン遊び	●誘導ロープ ●携帯電話 ●救急セット ●クレヨン ●シール		室内でクレヨン遊びをする。力強く、思い思いの絵を描いていた。その後のシール遊びも集中して行い、クレヨンとシールを使ったかわいい作品ができあがっていた。
	14日(木)	●1月製作 （おさるさん）	●絵の具 ●トレー ●画用紙 ●洗濯ばさみ ●シール		製作を行う。洗濯ばさみに絵の具をつけたスタンプを画用紙に押したり、「さる」の顔に目のシールを貼ったりする。スタンプでは、台紙に形がつくとうれしそうな表情が見られた。
	15日(金)	●身体測定	●身長計 ●体重計		身体測定を行う。寒くなり、衣服が厚手になってきているので、脱ぐのは難しいが、着るときはスムーズに着ることができるようになってきた。
	16日(土)	●散歩	●誘導ロープ ●携帯電話 ●救急セット		散歩では目に入るものを言葉にしたり、歌をうたったりと、楽しみながら歩くことができていた。誘導ロープをしっかりと持つことができ、楽しんで歩いていた。
週の反省		0〜2歳児合同のリトミックでは、順番を守ることができた。2歳児がしている姿を興味をもってじっと見ており、とてもよい影響を受けることができたので今後も取り組んでいきたい。製作では、洗濯ばさみを使ったスタンプがおもしろかったようで、台紙に形がつくとうれしそうな笑顔を浮かべ、喜んでいた。				

3月 第2週

ねらい	●戸外や散歩先で春の自然に触れながら遊ぶ。 ●進級への期待を育む。

先週の様子	●ひな祭りの行事に楽しんで参加することができていた。 ●排泄（はいせつ）のリズムが合い、トイレで排泄できる子が増えてきた。 ●仲のよい友達といっしょにごっこ遊びを楽しんでいた。

		主な活動	準備	環境および援助のポイント	子どもの様子・反省・評価
7日（月）～12日（土）	7日（月）	●戸外遊び ●室内遊び ●散歩	●戸外おもちゃ ●室内おもちゃ ●誘導ロープ ●救急セット ●携帯電話	●気温に合わせた衣服の調節を行う。 ●もうすぐ進級なので、進級する保育室に遊びに行き、少しずつ慣れるようにする。 ●気温や風の変化など、春の訪れを保育者といっしょに肌で感じられるようにする。 ●製作でに指先を使って楽しんで取り組めるようにする。 ●のりの適量を伝えるときには、実際に見せてわかりやすいように示す。 ●トイレでの排泄ができたときは、ほめて認め、自信につながるようにする。 ●感染症対策のために、室内の換気を行ったり、加湿器を使用したりと管理に気を配る。 ●せきやくしゃみをするときは、手で口元を覆うことや、こまめな手洗い、うがいを行うことなど、エチケットや予防法を少しずつ伝えていく。 ●わくわくデーでは異年齢児と関わって遊ぶことを楽しむ。また卒園児を祝う気持ちがもてるように声をかける。	公園まで散歩する。公園で思い思いに遊ぶことができていた。帰りの合図ではなかなか集まることができず、時間がかかってしまったが、楽しんで過ごすことができた。
	8日（火）	●製作 （たんぽぽ）	●画用紙 ●折り紙 ●のり ●スタンプ		製作ではのりを使い「たんぽぽ」を作る。時間はかかったものの集中して取り組む姿が見られた。のりの使い方がずいぶん上手になり、量も調節できるようになってきた。
	9日（水）	●交通安全教室			交通安全教室では、着ぐるみの登場に泣く子どもはおらず、興味津々で見ていた。クイズに参加するなど、積極的に参加する子が多かった。
	10日（木）				戸外遊びを行う。帽子をかぶったり、靴を一人ではいたりして、身支度にかかる時間が短くなってきた。戸外では、友達同士で見立て遊びを楽しむ姿が見られた。
	11日（金）	●わくわくデー （お別れ会）	●スライド ●パソコン		スライドショーを見た。また、5歳児への歌のプレゼントは大きな声でうたうことができていた。兄弟姉妹が多く、兄や姉が出てくると、声を出して喜んでいる子もいた。
	12日（土）				かめりあ保育園※に行き、いつもと違う部屋で遊ぶ。キッチンセットや絵本などを楽しんでいた。楽しい時間が過ごせてよかった。 ※かめりあ保育園…近くにある小規模保育園

週の反省	いろいろな行事や製作、散歩などの活動のなかで、保育者の話を落ち着いて聞くことができるようになってきた。子ども同士でおもちゃや場所の取り合いも見られるが、その一方で、遊びのなかでよく関わりをもち、楽しむ姿も多く見られる。排泄面では、おもらしが減ってきた。

1・2・3月 週日案

健康

冬も戸外遊びで元気いっぱい！

冬に外で遊んだらかぜをひきそう…。でも、大丈夫！　少しくらい寒くてもすぐにかぜをひくわけではありません。戸外遊びは体力作りにもつながります。

❀ 冬でも元気に戸外遊び

子どもは、もともと体温が高く、少しくらい寒くても、すぐにかぜをひくわけではありません。寒い冬でも、積極的に戸外遊びを取り入れたいですね。

● 冬の戸外遊びのよさ

●冷たい空気に触れることで、心肺や皮膚が丈夫になります。
●閉め切った室内の方がウイルスが多いです。
●免疫力が低下したときにウイルス感染すると、症状が出ます。寒さに慣れた体でいることが免疫力維持のために重要です。
●太陽の光を浴びることで体内時計がリセットされ、生活リズムが整います。また、睡眠に必要なホルモンが分泌され、夜の就寝がスムーズになるといわれています。
●冬場は害虫や気温、紫外線をあまり気にしなくてよいうえに、雑草も少ないです。

1歳児におすすめの戸外遊び

● 風といっしょに遊ぼう！

風が強い日は、レジ袋や大きなポリ袋などを使って風と遊んでみましょう。レジ袋を固定遊具に結びつけるだけでも、動きや音が楽しめます。また、袋ではなくスズランテープを結んだり、しっぽにしたり、手で持って走ったりして風を感じても楽しいですね。

● 落ち葉で遊ぼう！

落ち葉を集めたり、ひらひらと頭の上から降らせたり、舞い散る葉っぱを追いかけたりして遊ぶと、自然に体が動きます。保育者もいっしょに追いかけっこをしてもいいですね。

感染症の防止と保護者との連携

気温が低くなる冬は、ノロウイルスやインフルエンザなどの感染症が流行することがあります。流行の拡大を防ぐため、保護者と連携していきましょう。

保護者との連携

クラス便りなどを通じて、家庭でも感染症の予防に努めてもらうよう呼びかけます。

家庭ではゆっくりと過ごすこと、人ごみの多いところは避けるよう伝えます。また、園の中だけではなく、家庭でも、うがい・手洗いを習慣にしてもらうよう伝えていきたいですね。

感染症を予防しましょう

感染症の情報を公開

流行している感染症の情報や症状、または予防法などを、掲示板やお便りで保護者に伝えます。掲示板の内容は、随時更新していきます。

ロタウイルスがはやっています!!

ぱんだぐみ…2名
うさぎぐみ…3名
「嘔吐、下痢、発熱、食欲低下」
このような症状が見られたらできるだけ早く受診してください。

感染症が疑われるときの対応

感染症の疑いのある子どもがいたら、速やかに対応することが大切です。

①保護者に連絡

できるだけ隔離してから、保護者へ連絡し、迎えを待ちます。保護者が到着するまでは、水分補給を行ったり、体を冷やしたりといった手当を必要に応じて行います。

②受診を促す

園での様子を伝え、早めの受診を勧めます。集団生活のため、感染拡大防止に協力してもらうよう伝えましょう。

③完治後、登園

完治したら元気に登園です。保護者に「登園許可書」に記入してもらい、登園時に提出してもらいます。

もうすぐママがおむかえに来るよ

お昼頃発熱して下痢気味です

1・2・3月 保育の展開

コンサート

表現する楽しさを知る
ニューイヤーコンサート

地元で活動している音楽家を園に招いてのニューイヤーコンサート。コンサートを通して、音を楽しみ、手や体を使って表現する楽しさを知っていきます。

みんなで音楽に親しむ

ニューイヤーコンサートは、全年齢が参加します。フルート、サックス、クラリネット、コンガ、ウィンドチャイム、ジャンベ、ピアノなど、本物の楽器を間近で見て、音を聴いて、音楽に親しみ、楽しみます。1歳児も、音楽に合わせて体を揺らしたり、立ち上がって手をたたいたりして、いっしょに楽しんでいます。

演奏する方々とは、事前に打ち合わせを行い、園で今うたっている歌などを伝えます。親しみのあるメロディーが流れると、さらに楽しめます。0・1・2歳児も知っている曲や、3・4・5歳児向けにテレビ番組で放送されている曲なども演奏してもらうとよいでしょう。

続けて手をたたいてね！

1歳児が参加するときの配慮

1歳児の場合、興味がある子は最後まで楽しんで参加することができますが、途中で飽きてしまう子もいることを想定しておきます。保育者がそばに付き、いっしょに楽しめるように配慮します。

ひどく泣いてしまう子がいたら、一旦退室するなどして気分を変える工夫をするとよいでしょう。

1歳児もいっしょに音楽遊び

ニューイヤーコンサートでは、音楽を聴くだけではなく、いっしょに音楽遊びも楽しみます。

事前に、クラスで楽器（乳酸菌飲料の空き容器のマラカスなど）を手作りし、コンサートに持参します。コンサートのあとのクラスでも、タンバリンや手作り楽器で音楽遊びをして盛り上がります。

小石や米粒

乳酸菌飲料の容器などに小石や米粒を入れ、口をテープでふさぐ。

伝統行事の雰囲気を楽しむ豆まき会

伝統行事の雰囲気を味わい、鬼を倒す喜びを感じられるようにしていきましょう。

🌸 節分の由来を伝える

子どもたちに、紙芝居やペープサートを使って、節分の由来を簡単に話します。また、事前に子どもが保育者といっしょに鬼のお面を作っておきます。

当日は、作ったお面をかぶって、みんなで雰囲気を盛り上げます。ただし、お面をかぶるのを嫌がる子には、無理はさせないようにします。

🌸 鬼退治で達成感を味わう

保育者が鬼役になって登場し、子どもに鬼退治してもらいます。1歳児が泣いてしまうような、怖い鬼の変装はせず、子どもたちに豆（丸めた新聞紙）をぶつけられたら、すぐにやっつけられるように打ち合わせをしておきます。子どもたちが、「鬼を退治した！」という達成感を味わえることがポイントです。鬼をやっつけた喜びが味わえるような遊びも用意します。

段ボール鬼

段ボール箱の鬼の口に豆（丸めた新聞紙）を投げ入れ、たくさん入ったら、箱を倒す。

● こんな活動も…

年女の保育者が福の神に扮装し、1人ずつお菓子を手渡します。

3・4・5歳児は、給食に恵方巻きが出ます。のり・ご飯・きゅうり・卵焼きが配られて、自分で巻いて食べます。また、福の神の飴まきも恒例で行います。

ころころ鬼

ボールを転がして、ペットボトルの鬼を倒す。

心も体も弾むリトミック

遊び

リズム感や即時反応を育むリトミック。音を使って模倣遊びをすることで、脳が刺激され、身体的・感覚的な発達も促されます。1歳児も楽しめます！

🌸 取り組むときの注意点

十分に動けるスペースを確保して、けががないように気をつけます。走る活動のときは、走る方向を決めてぶつからないように配慮するとよいでしょう。休息を入れながら行います。

● リトミックのよさ

・音を聴く力がつきます。
・体の各部位を動かし、発達を促します。
・集中力や意欲を高めます。
・友達がするのを見て、待つことができるようになります。
・異年齢児と合同でリトミックをすることにより、お兄さん・お姉さんがする姿を見て模倣するようになります。

🌸 まずリズムを感じよう！

さまざまな音や物に合わせて、体でリズムを感じられるようにしていきましょう。
＜例＞
・人の声、タンバリンや鈴を使って。
・ボールを使って。
・ピアノに合わせて。

🌸 体を動かそう！

リズムを体で感じられるようになったら、体を動かしてみましょう。1人ずつ動いたり、一斉に動いたりします。音の高低や速さを聞き分けて体を動かしていきます。
＜例＞
・どんぐりころころ（足の親指で床をけることを大切にして、歩き回る）
・馬のギャロップ（四つ足ハイハイ→高足ハイハイ）
・めだか（力いっぱい走る）
・うさぎ（両足を揃えて同時に床から離して軽く跳ぶ→曲の変化を聴き分け、リズムが変化したらジャンプをする）
・とんぼ（前奏→曲始まりで動き出す→最後の2小節で止まる→繰り返す）

進級

不安な気持ちを期待に変えよう！進級に向けた援助

もうすぐ進級。子どもも保護者も、わくわくどきどきしています。不安な気持ちをなくし、期待をもって進級できるよう、ていねいに関わります。

子どもたちへの援助

　子どもたちといっしょに、1年の成長を振り返ってみましょう。プレッシャーになるような言葉かけは避け、期待がもてるように配慮します。2歳児クラスの部屋に行く機会を設け、2歳児の椅子に座ったり、おもちゃで遊んだりしてみるといいですね。トイレも使用して、雰囲気に慣れるようにしていきましょう。

　また、この時期、異年齢交流を通じて卒園児を祝う気持ちをもっています。その気持ちを大切にして、関わります。

保護者への援助

　保護者のなかには進級することに不安を抱いている方もいます。まずは、不安な気持ちをしっかりと受け止めます。そのうえで、職員全員で子どもたちを見守っていくことや、次の担任へしっかりと引き継ぐことなどを伝えていきます。保護者の心配事が減り、少しでも進級に期待できるように、ていねいに対応します。

　進級するにあたって、変わることは事前に伝えます。例えば、進級後のくつ箱の場所を確認しておいてもらったり、トレーニングパンツを多めに準備することが必要になることなどを伝えておいたりします。

進級にあたって心配なことはありますか？

保育者同士の連携

　一人ひとりの子どもの発達や成長、課題などを担任保育者間で話し合ってまとめておき、次年度の担任保育者や栄養士などに引き継ぐ機会を設けます。

1・2・3月　保育の展開

111

●要領・指針の改訂（定）と指導計画 執筆　　　（掲載順／肩書きは執筆時のもの）

寺田清美（東京成徳短期大学 幼児教育科 教授）

阿部和子（大妻女子大学 家政学部児童学科 教授）

鈴木八重子（元 文京区立保育園 園長）

●指導計画、保育の展開 執筆

社会福祉法人カメリア

かめりあこども園

（園長 桶本かよ子）

かめりあ保育園、かめりあ三城保育園
かめりあ上諏訪保育園、かめりあ天空の森保育園

カバーイラスト	カモ
カバー、CD-ROMデザイン	株式会社リナリマ
本文イラスト	有栖サチコ、坂本直子、町塚かおり、もりあみこ、ヤマハチ
本文校正	有限会社くすのき舎
CD-ROM製作	株式会社ケーエヌコーポレーションジャパン
編集協力	株式会社エディポック
本文デザイン・DTP	松崎知子、株式会社エディポック
編集	田島美穂、西岡育子、井上淳子、石山哲郎

役立つ！書ける！1歳児の指導計画
平成30年度施行 要領・指針対応　　　　　CD-ROM付き

2018年 2 月　初版第1刷発行
2023年 1 月　　　第7刷発行

著　者　　1歳児の指導計画 執筆グループ
発行人　　大橋 潤
編集人　　竹久美紀
発行所　　株式会社チャイルド本社
　　　　　〒112-8512　東京都文京区小石川5-24-21
　　　　　電話　03-3813-2141（営業）
　　　　　　　　03-3813-9445（編集）
　　　　　振替　00100-4-38410
印刷・製本　共同印刷株式会社

©Child Honsha Co.,LTD. 2018　Printed in Japan
ISBN978-4-8054-0267-2
NDC376　26×21cm　112P

チャイルド本社ホームページ
https://www.childbook.co.jp/
チャイルドブックや保育図書の情報が
盛りだくさん。どうぞご利用ください。